大都會文化
METROPOLITAN CULTURE

大都會文化
METROPOLITAN CULTURE

大都會文化

METROPOLITAN CULTURE

大都會文化
METROPOLITAN CULTURE

Loneliness is a Pilgrimage

前言

身在寂寞，心不寂寞。

寂寞，什麼是寂寞？

寂寞，它無法逃避，只能擁有。它是光明背後的黑暗，是動靜呼吸之間的空氣，是喧囂過後的寧靜，是跳脫框架的自由。懂得這個道理的人，就能從寂寞中體悟出智慧，寂寞的修行，將讓人們看到人生更高的境界。

只有學會在孤獨中尋找自由、自平靜時積蓄力量、從超脫裡看透世情，方能遠離塵囂，才能靜心，進而專注自我的心靈，更全面的思考人生。

不要害怕寂寞，它不是毒藥，更不會致命，它是一帖苦口的藥引。不懂寂寞的人，只覺得它苦，一心的想逃避，卻忘了享受真正的人生；懂得寂寞的人卻知道，它雖然沒有糖衣的表象，卻是引領人們療癒心靈的良方，只有這一個人的時刻，你才能重新找到自我，找到屬於自己的快樂。

人的痛苦，往往都是因為想逃離寂寞，因為耐不住寂寞，所以貪瞋癡妄，煩惱自尋。追求物欲、感情、功名的背後，往往都是因為他不想審視自己的空虛。靜下心來，擁抱寂寞，人生的美好往往隱藏在孤獨的假象中——一個人吃頓飯、喝杯咖啡、看點小書、唱首小曲，豈不愜意？當你想起自己一個人在浴室中唱歌的快樂時，其實，你已經開始懂得了寂寞的美好。

目　錄

篇二　寂寞是一段忍耐淬鍊的蛻變　069

篇三 寂寞是一首流芳百世的旋律 125

篇四　寂寞是一方生命熟成的完美　191

篇一

寂寞是一種修身養性的心境

寂寞是每個人都必須經歷的，卻不是每一個人都能從中體會出它的真實滋味，收穫到智慧的成果。其實，寂寞是一種修身養性的心境，更是成功之人才能到達的最高境界；智慧的人懂得在孤獨的世界中尋找自己的自由，他們或者從中積蓄促進自己成功的力量，或者從中悟到令自己正確看待成敗得失的心態……

總之，能夠承受寂寞的人必然在寂寞過後開始一段新的燦爛生活。

只有能夠承受寂寞的人，才能夠在寂寞中修行自己的身心。他們所謂的「承受寂寞」並不是在寂寞中通過單調、無聊、沒有任何意義的遊戲消耗時間，而是把寂寞當成一種修身養性的手段，從寂寞中獲得令他們事業成功、人生快樂的智慧。

人生必然經歷一場「寂寞」的修行

現代社會是一個注重人際關係和人際交往的社會，所有人都有朋友，其中也不乏真心交往的朋友。尤其當人們生病或者心情落寞時，更需要朋友的安慰與陪伴。這是因為，**往往隨著疾病和落寞心情而來的，正是寂寞**。

當平日裡習慣了熱鬧喧囂的人們突然陷入寂寞的時候，他們會感覺到生命猛然間被掏空了，巨大的寂寞壓得他們透不過氣。此時，往日裡與家人、朋友和同事聚在一起的景象也會不斷浮現在眼前。時間長了，寂寞不但沒有減少，反而呈現出增加的趨勢。隨著寂寞的來勢越來越猛，人們就會產生恐懼的心理。

在這個世界上，誰不怕寂寞呢？不過，有些人雖然身處寂寞中，卻依然瀟灑地生活。這並不是說他們是塵世之外的神仙，而是因為他們不把寂寞看作一件難以忍耐的事情，卻是將其看成人生中的一種「修行」，且是人生必不可少的「修行」，因為這種「修行」能夠為人生提供大量的「生命營養」。

在這些將寂寞看成「修行」、「生命營養」的人眼中，寂寞也是一件難以忍耐的事情，但這正是人生必然經歷的最基本的考驗。假如一個人連最基本的考驗也無法通過，他必定一無所成，潦倒終生。在他們看來，**耐不住寂寞是人生的一種悲哀**，**而沒有寂寞就是人生更大的悲哀**。相反，耐得住寂寞的人將會使自己的身心經歷一次次洗禮，或者說「修行」，從而讓自己的人生昇華到一個新的境界。

可以說，這些能夠將寂寞看作人生必然經歷的「修行」的人，才是真正懂得人生大智慧的人，佛語說：「接客如獨處，獨處有佛祖。」它的用意是告誡人們，真正的安定不是讓自己的身心在僻靜之處沉靜，而是在雜亂紛擾中求得安定。**能夠在喧鬧的世界中清靜獨處，才能夠獲得人生的大智慧**。但是，很多人沒有意識到「寂寞」的作用，常常把交際看作一種能力，而忽視了另外一種為人處世的必備能力——忍耐寂寞。

其實，這並不是說，能夠耐得住寂寞的人將永遠不會感覺到孤獨，也不會感覺到空虛；而是說，他們在寂寞襲來的時候能夠安於寂寞。在他們看來，獨處能夠享受到人生中最美好的時刻和最美好的生活體驗；雖然一個人單獨處在某個環境中有些寂寞，但善於享受生活的人則能在寂寞中找到一種充實的感覺，因為他們在寂寞的時候，不會像別人那樣為沒有人來陪伴自己而煩憂，而是將自己從紛繁的人和事物中抽身出來，回到只有自己的境界中，**讓身心和靈魂有一個可供生長的自由空間**。

在這個自由空間中，人們可以不受其他因素干擾地直接面對自己，自由地與心靈對話，通過這種方式來使靈魂得到復活。

只有在隻身獨處、享受孤獨的時候，才能讓靈魂得到復活，一切靈魂都是如此。例如，當人們與他人在一起欣賞歷史上的傑作時，能夠談天說地、引經據典的消磨閒暇時光，但是，這只是人與人之間的討論或者意見交流，而不是自己一個人欣賞傑作的體悟；只有自己沉浸在大師們的傑作中，才能真正產生來自心靈的感悟，有了來自心靈的感悟，才能使自己在「修行」中有所收穫。

「寂寞」，指的就是人們能夠安於現在的生活。如果一個人能夠心懷正念，心態平靜地在當前生活中生存，無論他處在怎樣的生活環境中，都是一種獨處，也是一種寂寞。此時的人們不應該為從前的失誤而後悔，也不應該為未來的生活而焦慮；耐住寂寞才能夠將眼前一切真實的事物看在眼裡，淡然地面對一切——這是一種獨處的寂寞，也是人生在真正意義上的修行。

其實，鑒別人們能否經受「寂寞修行」的最可靠方法，就是看他是否在獨處；看他在獨處的時候，是感覺生活無聊、空寂，還是感覺到恬淡安詳、充實滿足。

儘管有這個好辦法可以幫助人們鑒別是否在經歷寂寞的修行，但是，很多人都對人生必然經歷的這種「寂寞」的修行有一個錯誤的觀點：一個人的性格與他在寂寞中的修行情況有直接的關係？

其實，一個人的性格與孤獨沒有任何關係，一個性格開朗、喜歡廣結善緣的人也可以愛好獨處；不過，與性格原本孤僻的人相比，這些性格開朗的人的確喜歡與人交往。但不同的卻是，無論他們與別人怎麼來往，寂寞始終是生活中必須經歷的。那麼，為什麼會有這種「**既善於與人交往，又善於在寂寞中修行**」的人呢？心理學中有一個完美的答案。

心理學的觀點認為，人們必然經歷寂寞的原因，正是由於**人類體內「整合」過程之必須**。這裡的整合，指的是在記憶中、腦海中找出一個合適的位置，安放新接受的資訊和剛剛總結好的經驗，人們只有經歷了這個「整合」的過程，才能接受並消化外來的新印象和新經驗，然後形成一個可以獨立生長的自身系統——而這個**新系統的形成過程正是在寂寞中完成的**。

因此，與一些孤陋寡聞、性格孤僻的人相比，性格開朗的人更適合與他人交流，也更容易得到新的資訊和經驗。從這個角度看，性格開朗的人更需要經歷寂寞，經受人生必有的修行。

當然，並不是人人經歷寂寞、接受修行的方式都完全一樣，而且，人與人之間忍受寂寞的能力也有差異。因此，**享受寂寞的程度、進行自我修煉的方式也要因人而異、因時而異**。科學家們通過「兩隻猴子」的實驗告訴了人們這個道理：

科學家們在森林中抓了兩隻猴子並分別關起來。一隻猴子身體健碩，而另一隻猴子身體羸弱；前一隻猴子活潑好動；而第二隻猴子則是沉靜安穩。然而，一年後的結果卻令科學家們頗為意外：那隻身體健碩的猴子竟然因寂寞而死去，但另一隻身體羸弱的猴子卻頑強地活了下來。看到這一幕，科學家們不禁有些疑惑：「難道，這只是一種偶然現象？」

為了弄清這是不是偶然現象，科學家們又找來一隻猴子來補上死去猴子的位置，個性也是活潑好動的，但結果依然如此。這就說明，即便是猴子，不同的猴子之間忍受寂寞、承載寂寞的能力也不盡相同；當然，同樣的道理也可以應用到人類身上，有的人確實是比較無法承受寂寞的。

那麼，**人們應該怎樣面對寂寞呢？最簡單的方法就是培養個人的興趣和愛好**，而這也是最有效的辦法。

在社會中不乏這樣的人，他們在多年的工作中，雖然有些輕微的病痛，但卻並無大礙，然而卻在退休後不久就死了；有的人說，這些人是因為患了「退休症候群」而死去。事實上，這些人並不是真的患上「退休症候群」，而是因為他們缺少人生必須的興趣和愛好，他們既不看書讀報，也不看電視、聽廣播，他們耐不住寂寞，最終必然鬱鬱寡歡而終。

其實，世界上必然存在這樣的人，他們最害怕的就是孤獨，最畏懼的就是寂寞。因此，獨處、寂寞對他們來講並不是一種修行，而是一種酷刑。只要有閒暇時間，他們就會想方設法去休閒，即使是出入一些不堪的場所也要打發掉寂寞的時間。他們只在表面活得熱鬧，實際上，他們的內心十分空虛；他們會給人留下忙碌的印象，但他們卻只是因為過於害怕寂寞而故意讓自己忙碌。最後，他們會失去生活的本來面目，也會迷失自我，更不會從人生必然經歷的、這場名為「寂寞」的修行中得到任何成果。

燦爛的背後，是無法躲避的寂寞

孤獨、寂寞是成功者必然經歷的一個階段。如果追求成功的人能夠在這個階段中耐得住寂寞，他的思想和靈魂必然會經歷一次磨煉，之後形成一種難得的可貴風範。

人生中，寂寞是任何一個階段都不能擺脫掉的。寂寞與喜怒哀樂一樣，時時刻刻伴隨著正在追求事業的人們，而能夠享受寂寞、耐得住寂寞、正確對待寂寞的人，才能真正成就大事業。其實，**成功的原因很簡單，主要取決於追求成功的人對寂寞的認識以及他追求成功的動機**。

當人們耐得住寂寞的考驗，就會對生活中經歷的一切痛苦和快樂心生頓悟，他的靈魂和思想也會因此而得到昇華，同時，在經歷寂寞的考驗中，耐得住寂寞的人也能學會享受寂寞，因而會在寂寞中創造出自己的成績；相反，那些耐不住寂寞的人都是一些胸無大志、目光短淺的人，他們斷然不會成功。想要立志追求事業的巔峰，追求高尚的理想境界，就必須要在紛繁的生活中告別奢侈，遠離浮躁，讓整個心靜下來，踏實地工作，認真地完成事業。

然而，在現在這個過於複雜的社會，很少有人能夠耐得住寂寞，許多人都在無休止地追求名譽、追求權勢、追求金錢，實際上，他們是被社會中無形的枷鎖束縛住，將過多的時間和精力浪費在追逐身外之物上。假如被世俗的東西牽絆了追求大志業的思想和行動，他們就會與低俗的風格、行為為伍，又怎能做出大學問？

《論語》告誡人們：「君子和而不同，小人同而不和。」這句話的意思是，在品行好的人中間，雖然彼此的特性等不會完全相同，但他們卻能夠和諧相處；而在品行差的人中間，雖然他們可以同流合污，但卻不能和諧相處。實際上，與世俗同流合污也是不能安於寂寞的表現之一。

其實，在入世的同時追求寂寞並非天方夜譚。世界上也有很多在塵世中尋求事業、尋求理想的人，一樣能夠讓自己耐住寂寞，他們雖然處處需要與其他人寒暄，但卻能使自己擁有一份卓爾不群的灑脫；其實，能夠在大千世界中獨享一份寂寞，身在世俗中求生存卻不與世俗同流合污，這不僅是勇氣，更需要一份淡然處世的心境。

*貝多芬就是這樣一個人……

一八〇七年，貝多芬應維也納李希諾夫斯基公爵的邀請，來到公爵家裡做客。那一天，來到公爵家中做客的不僅有貝多芬一個人，也有許多其他的客人。但是，這些客人都是占領維也納的法國軍官。李希諾夫斯基公爵想請這些法國軍官欣賞音樂，因此邀請了貝多芬，卻並未告知貝多芬實情。

接到公爵邀請的貝多芬帶著自己的新作《熱情奏鳴曲》興致勃勃地來到公爵家中，卻發現其他的客人竟然是一群侵略軍。於是，貝多芬改變了原先的態度，當即拒絕了公爵的要求。

遭到貝多芬的拒絕之後，公爵惱羞成怒，扯下笑臉，板起面孔，像下達命令一樣要貝多芬演奏。但是，貝多芬無論如何也不肯為占領維也納的侵略者獻藝，因為他認為，李希諾夫斯基的行徑與賣國賊毫無二異，同時對這種行為產生了深深的厭惡和羞恥感。於是，貝多芬拿起樂譜憤然離席而去。

第二天，李希諾夫斯基公爵就收到一封貝多芬的來信，信上說：「公爵，您之所以成為公爵，只是因為您偶然的優越出身。而我之所以能成為貝多芬，依靠的是我自己的努力。無論在什麼時候，世界上都不會缺少公爵，而我貝多芬卻只有一個！」

我們可以看到，貝多芬就是一個能夠在塵世中為自己尋找寂寞的人，正是因為這種能力，貝多芬才能成為舉世無雙的音樂家。貝多芬的成功之處就在於他能夠在恰當的時候將自己隱於寂寞中，而不是與權貴同流合污，貝多芬的魅力也正在於此。

可以說，貝多芬的品格是難能可貴的，他在遭受苦難的時候依然挺直腰桿做人，雖然從此遭到權貴的排擠，但當巨大的寂寞向他襲來時，貝多芬卻從中經受起寂寞的考驗，並在最後成就了音樂史上的這一段輝煌。

*貝多芬（Ludwig van Beethoven，一七七〇年至一八二七年），著名音樂家，被尊稱為「樂聖」。

貝多芬的故事告訴人們，能夠做到遺世獨立、卓爾不群固然是一種高貴的氣質，而能夠做到入世隨俗卻不同流合污更是一種特殊的品格。其實，對於任何人來講，人生在世就是與他人共處的一個過程，而**懂得享受寂寞的人才知道：無論環境如何，能夠讓自己尋找到片刻的寂寞，正是在為自己的成功積蓄力量**。就像《聖經》上所說：「人哪！你為什麼躍躍欲試？你為什麼這樣急於求成？你要耐得住寂寞，因為成功的輝煌就隱藏在它的背後。」

實際上，耐得住寂寞不僅是一種心境，也是一種智慧，更是一種精神涵養。當人們經歷了寂寞之後，往往會在關鍵的時候爆發出驚人的力量。也許，與寂寞相伴的過程是痛苦的，但人們不應該將耐住寂寞的過程看作一個悲哀的過程，而是要知道，在寂寞中享受到的快樂，才是人生中真正的快樂。

在寂寞中成長蛻變，不要淪為寂寞的俘虜

隨著人們的成長，寂寞也會悄無聲息地在人們的生命中蔓延，當一個人成熟之後，才會真正感受到生活中的寂寞。其實，這是一種很正常的現象。隨著年齡的增長，人們的心智也在逐漸成熟，於是，人們就慢慢地感受到了寂寞。

那麼，為什麼只有成熟的人才會感受到寂寞，而孩童們卻不知寂寞為何物呢？「成長」，就是這個問題的最佳答案。

當人們處於嬰兒時期時，不需要積累任何生活經驗，也不需要學習任何生活技能，更不需要處處發展人際關係。因此，嬰兒不懂人情世故，更不會虛偽、狡詐、自私，無論是哭是笑，都是發自內心情緒的表現；但是，隨著年齡的增長，人們就會改變嬰兒時期無憂無慮的生活狀態，當一個人成熟之後，就會受到更多條件的限

制：對他人的戒心、道德標準的約束、世俗眼光的評價、弱肉強食的社會、虛偽的人際關係以及流言蜚語的壓力等；於是，原本期待與人真心交往的心靈就會被一扇厚重的大門關在裡面，任憑怎樣呼喊也無法得到回應。

就這樣，隨著人的成長，越來越多的寂寞就會襲來，人們要承擔太多無法想像的寂寞；同時，**人們也將在寂寞中開始修身養性**，**如果人們能夠耐得住寂寞**，**就意味著他們將在寂寞中完成成長的蛻變**。

就像離家闖蕩的青年一樣，只有離開了家，才能開始領略生活的點滴：到銀行開戶、繳交醫療保險、處理水電瓦斯房租貸款等細微瑣事等，日子過得充實，但也容易倍感「寂寞」。他們會深刻地體驗到遠離家鄉的孤獨、遠離父母的寂寞，但是，正是在這股巨大的寂寞中，人們才能獲得一股「閉上眼睛向前衝」的力量，才能正式完成成長的蛻變。

但如果人們沒有成功的耐住寂寞，他們不但不能完成成長的蛻變，反而還會成為寂寞的俘虜；他們不知道應該怎樣對待寂寞，只對寂寞懷有一種深深的恐懼感，

卻不知道經歷寂寞會給自己帶來什麼益處。他們常常試圖想辦法改變寂寞的狀態，卻往往由於怯懦等原因而放棄了努力，最終只能在鬱鬱寡歡中淪為寂寞的俘虜。

*尼采就是這樣的一個例子……

一八四四年，尼采出生在德國東部一個偏僻的名為「勒肯（Röcken）」的小山村。在二十歲那年，尼采考入波恩大學。在這裡上學一年之後，尼采又轉入萊比錫大學繼續攻讀古典語文學。在這裡，尼采度過了四年半的大學時光。畢業後，尼采在瑞士巴塞爾大學擔任古典哲學的教授。

尼采是哲學史上一個備受爭議的人物。尤其是尼采對女性的蔑視是最出名的。儘管如此，尼采一生中也經歷了幾次戀愛，只是都未成功。

最早的一次是在一八六六年夏季，還在萊比錫大學讀書的尼采見到了一位前來演

*尼采（Friedrich Wilhelm Nietzsche，一八四四年至一九〇〇年），著名哲學家、文學家，影響了後世的存在主義與後現代主義。

出的女演員拉貝。於是，尼采開始悄悄地為拉貝寫情詩。不過，羞怯的尼采不敢採取更進一步的行動，使他的初戀無疾而終；十年之後，尼采在瑞士巴塞爾大學教書的時候，又結識了一位荷蘭少女瑪蒂爾德。這一次，尼采沒有羞怯，而是以一紙書信表白，但卻被瑪蒂爾德婉言拒絕；後來，尼采透過好友梅森葆夫人的介紹，遇上了一個名叫莎樂美的俄國少女，她極其聰慧，極富魅力。

這一次，莎樂美對尼采也有好感，但卻遭到尼采妹妹的干預和挑戰，因此不歡而散。在此之後，儘管梅森葆夫人一直在為尼采物色新的女友，但尼采自己放棄了結婚的打算。他認為，他必須擺脫女人、孩子、宗教等因素去獲得自由。

一八八九年五月，尼采辭去巴塞爾大學教授的職務，在義大利和法國的一些地區漂泊。他常常只租賃一間簡單的農舍，用酒精燈煮一些簡單的食物充饑；不僅如此，精神上的寂寞也在折磨著他，因為尼采常常在連續數月之內都無法找到一個可以說話的熟人。於是，尼采一次次在極度寂寞中發出絕望的感歎：「我期望一個人，我尋找一個人，我找到的始終是我自己，而我不再期待我自己了！」最終，尼采患上了精神病。

其實，尼采正是在寂寞中發瘋的，而寂寞也是引發尼采精神病的最大根源。其實，尼采追逐愛情的過程也是寂寞的，他也曾試圖在寂寞中完成成長的蛻變，但卻沒有成功，因此他在寂寞中走向了精神崩潰的極端。

其實，每個人在成長中都急於散發出耀人的光彩，往往也會因此而耐不住應該承受的寂寞；他們一味追求成長的結果，總是在試圖尋找一條盜取成熟果實的捷徑，卻忽略了寂寞的成長過程中所帶給他們的快樂和收穫。這些急於知道成長結果的人一般是耐不住寂寞的，他們幾乎不會享受這個寂寞的成長過程，也不會從寂寞的過程中得到任何收穫，最終就是無法順利成長，不能完成蛻變，最後淪為寂寞的俘虜，終老一生。

實際上，若想成功，若想獲得許多引人羨慕的成就，就必須耐住寂寞；否則，只能以「寂寞俘虜」的身份，獨自品嘗失敗的滋味。

其實，每一個人都想在自己的事業上追求成功，但真正的成功路遙而道遠，只有為此做好充足的準備，才能走得更遠；而準備的過程無疑是寂寞的，唯有耐得住寂寞的人，才能在身處寂寞中不驕不躁，安心為自己事業的成功準備一切所需的東西，增加自己成功的可能性。如果一個人能夠耐得住寂寞，他成功的夢想終究會實現；反之，他就會失去接近成功的機會，最終在寂寞中被毫無意義的事物消耗掉全部的時間和精力，因而無法完成由幼稚到成熟的蛻變，只能在寂寞中度過碌碌無為的一生，一無所成。

如果一個人能在寂寞中完成成長的蛻變，他也會實現自我價值。但是，這種自我價值的實現並不是簡單、輕鬆的，而是充滿了艱辛；如果一個人決心有所成就，同時能夠在寂寞中做好成功的準備，必然會有一番成績。

不過，無論人們想追求哪一行業的成功，也不管在追求成功的過程中會經歷什麼苦難，必然會有寂寞在這個過程中相伴左右；但也正是因為寂寞，才點燃了人們追求成功的激情，假如一個人始終在優越的生活中享受，始終不知寂寞的滋味，成功也會離他遠去。就像*愛默生說的：「坐在舒適軟墊上的人容易睡去。」這句話告訴我們，**一個從來沒有體會過孤獨的人容易有依賴心裡，認為總會有人能幫助自己，所以不必付出完全的努力**。而這種想法將在他的成功之路上產生很大的阻礙，甚至會成為導致失敗的直接原因。

從這個角度看，一個沒有經歷過寂寞，或者沒有在寂寞中完成蛻變的人，他會將自己成功的希望寄託在別人身上，時時刻刻都幻想著在關鍵時刻能遇到助他一臂之力的人。如此這般，他就會失去在這個行業中的競爭力，註定一事無成，這也是那些淪為寂寞俘虜的人必然的結局。

與這些成為寂寞俘虜的人相比，那些能夠耐得住寂寞的人，則在擁有了自己的工作和事業後更加信心倍增，也會感覺到全身精力充沛，內心也會被責任充滿。其

*愛默生（Ralph Waldo Emerson，一八〇三年至一八八二年），美國思想家、文學家，更是著名的演說家。在當時，他支持廢除黑奴的言論受到眾人的排擠與反對，但他卻堅信「個人主義」，無悔的踏上這條道路。他的信念是「無限的個人」。

實，為人們帶來這種感覺的並不是其他的因素，正是人的本性——寂寞和孤獨。

但是，如果一個人長期在寂寞中沉淪，卻從未從中成長，那也只會使自己與別人隔絕，只是失敗的象徵。所以，當人們承擔寂寞帶來的巨大壓力時，更應該努力令自己忙碌起來，借此完成成長的蛻變，使自己避免成為寂寞的俘虜。

喧囂的生活，固然能為個人帶來一定的社交經驗，但若始終處於繁雜的生活中，必然會讓自己的人生失去目標、喪失風采；只有在寂寞中完成成長的蛻變，同時使自己具備成功所需的技能，唯此，才能使自己的事業走向成功的巔峰。

寂寞就是面對得失時的一種平和心境

對於現代人來講，寂寞可以算得上是一種通病。雖然人們每天都有做不完的工作、推托不掉的應酬和無法掙脫的繁瑣小事，但人們仍然會感覺到孤獨。實際上，這就是內心的一種寂寞。過去的種種事情會令人們惆悵不已，同時，也會杞人憂天般地擔憂一些未來的事情，而這些正是人們心中寂寞的來源。

其實，誰都不想淪為寂寞的俘虜，但是，這需要人們修煉一種平和的心境。

對此，老子提出一種相似的主張，就是「上善若水」。在《道德經》中有一篇以〈上善若水〉為題的文章，其中寫道：「**上善若水，水善利萬物而不爭，處眾人之所惡，故幾於道**。居善地，心善淵，與善仁，言善信，政善治，事善能，動善時。夫唯不爭，故無尤。」這段話帶給人們的啟示就是：人們應該待在一個適合自己的地方，同時也應該使自己的心像潭水一樣保持清澈和平靜，與人交往的時候要心存友善、講求信用，把握做事情的時機，做好自己力所能及的事情。就像水一樣，因為水能夠滋養萬物，它是世間最高的善；同時水又甘於停留在世人討厭的低窪之處，不與萬物相爭。這就是人們承受寂寞、成就大業必備的平和心境。

實際上，老子提出的「上善若水」的主張，強調的正是「心善淵」、「與善仁」和「利萬物而不爭」的心態，就是以平和且寧靜的心境面對世間的事情，而寂寞就是這種平和的心境。能夠承受寂寞的人，懂得人生的一切都是「境由心生」，因此，一個人的人生態度來自於他的心態。

其實，人生只是一個過程。不同的是，有的人路途長，而有的人路途短；有的人精彩，有的人卻暗淡。那麼，怎樣看待這個過程呢？其實只不過是一個心態的問題。

人人都希望自己擁有一個精彩的人生，若想使這個願望變成現實，必須擁有一個平和的心態，而一個平和的心態正是讓自己的人生變得精彩的根源；不僅如此，一個平和的心態還能夠激發人的最大能量，使自己的人生沒有遺憾。不過，一個人

在人生的旅途中，遇到的事情，並不都是得意之事，因此，能夠承受寂寞的人往往都是能夠以平和的心態面對人生中的得失。

其實，**人生中最重要的，就是在得意的時候淡然，在失意的時候坦然**。然而，儘管懂得這個道理的人有很多，但能夠做到的人卻少之又少。

人們也常常說，寂寞是人生的修行，是走向成功必然經歷的一個階段。因此，在得意的時候不張揚，在失意的時候坦然面對，這才是人生真正的修養和境界。從懶瓚禪師的故事中，人們便可領會到「以平和的心態面對得失」的道理。

懶瓚禪師是唐朝一個很有名望的禪師。原本法號明瓚，但因其特立獨行，喜以他人之殘羹剩飯為食，故人稱懶瓚。

他隱居在湖南南嶽的一個山洞中，並寫下一首詩偈表達他灑脫的隱居生活：「世事悠悠，不如山丘，臥藤蘿下，塊石枕頭；不朝天子，豈羨王侯？生死無慮，更復何憂？」

這首原本用於表明懶瓚禪師心境的詩，後來竟然傳到唐德宗的耳中，德宗十分想見見懶瓚禪師，看看他到底是一個怎樣的人。於是，皇帝特意派出大臣，前來邀懶瓚禪師一見。

大臣帶著聖旨來到懶瓚禪師隱居的山洞，站在山洞的洞口，向懶瓚禪師大聲呼喊：「聖旨到，還不快快跪下接旨！」然而，出乎大臣意料的，懶瓚禪師依舊待在洞中，裝聾作啞，毫不理睬。大臣好奇地探頭一看，原來懶瓚禪師正以牛糞升火燒飯，火上煮的是顆芋頭。

火越燒越旺，煙霧隨之彌漫了整個山洞，懶瓚禪師也被煙霧熏得涕淚縱橫。跟隨大臣前來的侍衛忍不住喊道：「喂！禪師，你的鼻涕都被煙燻得流出來了，趕快擦一擦啊！」懶瓚禪師也沒有理會侍衛，而是頭也不回地答道：「我可沒有閒功夫為俗人擦鼻涕。」說完之後，懶瓚禪師隨即夾起了一塊炙熱的芋頭塞到嘴裡，並且連聲稱讚：「好吃！好吃！」而大臣和侍衛卻為懶瓚禪師的舉動驚訝不已。

面對懶瓚禪師的舉動，大臣和侍衛無言以對，只能返回皇宮，稟報皇帝。皇帝聽了懶瓚禪師的故事之後，十分感歎地說：「國家能夠擁有如此的禪師，實在是蒼生的福氣啊！他能夠在山洞中隱居，並且過著快樂的生活；在接到聖旨之後也沒有太過興奮，依然過著屬於自己的生活。我不得不承認，懶瓚禪師真是一個聖者。」

其實，懶瓚禪師表現出的正是一種大智慧的境界，而這種境界正是能夠以平和的態度對待得失的心境。

實際上，對於任何人來講，寵辱不驚都是一種高深的修養，在面對榮譽的時候能夠淡然處之更是一種風度。在很多情況下，自己的心境與喧鬧的世界極為相似，總是浮躁不已，在紛擾中難以獲得片刻的休息、靜心，但是，這一切並不是因為外界的事物出現了劇變，而是因為自己難以用一個平和的心境來面對榮辱得失。

真正懂得承受寂寞的人知道，越是物欲橫流的社會，就越應該以平和的心境面對得失。不過，要能做到以平和的心境面對一切，依靠的是自己的修養。

只是，與平和的心境相伴隨的，往往就是寂寞。因此，若想以平和的心境面對一切，就必須先學會承受寂寞，同時還要找出在寂寞中綻放光芒的方法——而這個方法，就是把寂寞當成一種修行，在寂寞中鍛煉平和的心態——這樣一來，人生才會變得開闊，才能淡然地面對成功與失敗、得到或失去。

把寂寞當成一種修行，這是承受寂寞的方式之一，更是修行自己品德的一條重要管道。那麼，怎樣才能在寂寞中修行自己的品德和人生呢？或許你可以從下面的故事中找到答案。

一家寺廟收容了一個十餘歲的流浪兒。

這個原本在大街上灰頭土臉的流浪兒，在寺院中剃髮沐浴後成了一個乾淨清爽的小沙彌。他聰明伶俐，手腳勤快，而收留他的法師不但關心照顧他的日常生活，也在不斷教他為僧做人的基本道理。

法師逐漸發現，這個小沙彌接受和領會問題的能力很好，有很高的悟性，便開始引導他讀書識字、誦讀經文；不過，在教誨小沙彌的過程中，法師也發現小沙彌存在一些缺點：他不能靜下心來讀書過活，總是心浮氣躁，喜歡張揚，非常容易驕傲自滿。

法師還發現，當小沙彌剛認識幾個字後，就會將他認識的字寫滿整個院子，而當他領悟某個哲理之後，也會不停地向法師和其他僧侶炫耀。尤其是當他得到法師的誇獎之後，更會在眾位僧侶面前炫耀不已，不把任何人放在眼裡，將「唯我獨尊」的氣勢表露無遺。

法師看到這一切之後，想出了一個辦法，想以此來改變小沙彌驕傲自滿的性格。

一天，法師將一盆含苞待放的夜來香送給小沙彌，要他在值更的時候觀察夜來香的變化。第二天一早，小沙彌迫不及待地向法師報告他觀察到的夜來香生長狀況。他抱著夜來香，欣喜若狂地在眾僧的面前大聲向法師說：「師父，這真是一盆奇妙的花啊！它只在晚上開花，開的時候清香四溢，美麗無比。可是，到了早上的時候，它就收起了芳香，不再芬芳。」

法師聽到小沙彌的話後，問他：「夜來香在晚上開花的時候，吵到你了嗎？」小沙彌說：「沒有。夜來香無論開花還是閉合，都是靜悄悄的，怎麼會吵到我呢？」而法師卻以一種特殊的口吻說道：「原來是這樣啊！我還以為它在開花的時候會炫耀一番呢！」小沙彌聽出了法師的話中寓意，後來便改正了自己的缺點，不再向人們炫耀他的得意之處，潛心學習佛法，最終成為一代名師。

其實，每個人都會有一些得意的時候，但是，在得意的時候向人炫耀正是承受不了寂寞的表現，因此他們也不會從這些令人得意的事情中獲得對自己有益的經驗；能夠平和地面對人生得失的人，才是耐得住寂寞的人，才能在寂寞的過程中積蓄促進自己成功的力量。其實，**在人生得意的時候能夠淡然處之就是一種境界，在失意的時候坦然面對也是一種修養**。

不過，對於現代人來說，若想擁有平和的心態、擁有承受寂寞的能力，似乎變成了一件不容易的事情，隨著時代的發展，人們的生活和工作負荷越來越重，這可以算得上是現代人的通病；同時，他們也因此感覺到精神空虛、思想浮躁，不僅如此，人們還要時時刻刻面對金錢、誘惑和權力的紛爭，而這一切都會令人們感到殫精竭慮。所以，成敗得失等各種情緒起伏都時時刻刻地圍繞在人們周圍，這是一種心理失衡或者心理傾斜，如果這種情緒得不到遏制，向更深的層次發展，人們就會變成心理失調——而這就是澈底的頹廢，是情緒低落的最極端表現。想克服這種心理，就必須以平和的心態面對榮辱，即所謂「寵辱不驚、去留無意」。

然而，「寵辱不驚、去留無意」的心態說起來簡單，實踐起來卻十分困難。很多人將功名利祿視為畢生追求的目標，無論經歷怎樣的辛酸也不肯放棄；但即使他們最後能成功將功名利祿握在手中，卻往往也使自己的青春消耗殆盡。這些人無一例外地都被物欲控制了身心，就像跌入了一個無底洞，一生都難以擺脫物欲和負面情緒的糾纏。當人們的心靈被功名利祿占滿之時，就會澈底淪為世俗的囚徒，失去快樂而平和的心境。

總之，平和的心境與寂寞的到來是一體的兩面，我們既要平和地面對人生得失，自然也要耐住寂寞。雖然身處寂寞，但卻能更強烈地感受到生活中的精彩。

絢爛的生活屬於擺脫消沉的人

承受寂寞是人生的一種境界，也是通向事業成功道路上必然經歷的一個階段。

當然，寂寞的過程不會一帆風順，人們會遇到各種障礙和困難，同時遭遇很多失敗和痛苦。很多人在這個時候，會表現出暴怒、恐慌、悲哀、消沉等情緒而無法走出，這些無法被負面情緒綁架的人，最終將走上失敗的道路；而唯有能夠擺脫消沉情緒的人，才能迎來絢爛的生活。

能夠走出消沉的人，能夠令自己的思想變得成熟，意志更加堅強，而這一切都需要在寂寞中實現。只有成功地走出消沉，才能丟掉曾經失意所帶來的沉重包袱，才能擁抱下一個五彩繽紛的世界。

實際上，消沉是一種極其消極的情緒，一般由外界事物的強烈刺激引起。

一個年輕人因為失戀而受到了強烈的刺激，變得十分消沉，曾一度想自殺。不過，在自殺前，他與最好的朋友進行了通話，向朋友進行最後的告別。而這個朋友所在的城市，此時正發生水災。

朋友在電話中勸導這個年輕人不要做傻事，但年輕人卻一心一意想要尋死。於是，朋友停止了勸導，問道：「你打算怎麼自殺？」年輕人想也不想地回答：「吃安眠藥。」

聽到這話，朋友說道：「這是懦夫的表現。」朋友接著說：「你既然下定決心要死，那麼我也不勸你。但是，你服安眠藥自殺，不如到這裡來救災。獻身於救災工作之中，不是比吃安眠藥自殺更有意義嗎？」

最後，他聽從了朋友的建議，前往遠方的城市，投入救災工作。

與其他抗洪救災人員不同的是，他只求速死。因此，他扛最重的麻包，跑得最快，渴了不喝水，餓了也不吃飯。就這樣，他堅持了五六個小時，最終昏倒在泥濘的大地上。後來，他被別人送到醫院。

當他醒來後，鮮花、掌聲和榮譽已經將他緊緊包圍，面對這一切，他羞愧不已的說：「我並不是什麼英雄，而是一個懦夫。曾經，我因為失戀而一度想自殺，是一個朋友建議我……」他敘述了整個事情經過，但卻沒有人相信他。

最後，這個人當然沒有自殺，反而成了英雄。

這是一個成功走出消沉的案例。聰慧的人們也從中總結出了人生經驗：當事情沒有發展到不可挽回的地步時，千萬不能輕言放棄，更不能隨意放棄自己的生命。

其實，人生的際遇是奇妙無比的。**當它令一個人處於寂寞中的時候，自然會將事情的轉機置於前方不遠的位置**，也許就在下一分鐘，處於消沉中的人們就會找到一個解決問題的絕妙主意；只是，當消沉的情緒向人們襲來時，空虛且寂寞的情緒也會充滿他們的心，這時如果將自己全身心都沉浸其中，最後自然就會遠離精彩的生活。

在人的一生中，必然會遇到很多的不如意，不管人們是否願意接受這些事情的發生，都必須在這種極度不如意的狀態中繼續求生存，他們的職業、工作、生活和家庭都會成為這些不如意的來源。很多人在這個時候都會因為這些事情而變得消沉，獨自一個人品啜寂寞的滋味，輕易的遠離了絢爛的生活；因此，當一個人被消沉的情緒包圍並且為此陷入寂寞時，應該思考：**這種情緒對他的人生有益嗎？能否為他帶來絢麗的生活？**

可以肯定的是，消沉的情緒對一個人毫無益處。這是因為當人們處於不如意時，很自然的就會陷入寂寞，而人們此時為了使自己擺脫寂寞，便會通過訴苦或者抱怨等方式來令自己好過一點；然而事實上，這種方法不但不會讓人們從寂寞中獲得解脫，反而還會把事情弄得更糟糕。

真正能夠使人們不再受孤獨和消沉困擾的方法是——改變自己，使自己贏得別人的喜愛。

因意志消沈而倍感寂寞的人，如果一直試圖透過抱怨和訴苦來使自己得到解脫，他就永遠都不會明白，絢爛的生活絕對不會主動走進他的生活之中，他也不會輕易得到別人的認可和接納。當這樣的人遭到他人拒絕時，往往只會感覺到更加寂寞，消沉的情緒也會越來越濃，最後，如果因此而放棄了擺脫寂寞的努力，那就只會變得更加痛苦，然後從心理上產生「我很痛苦」的自我標誌。

反之，聰明的人則就會知道，應該透過積極行動，藉由做一些有益於自己的事情來使情況好轉。這些積極的人最終都能夠成功地擺脫寂寞，走進一個更加精彩的生活。

一個發生在兩個女孩身上的故事，能夠向人們辯證這個道理——為了擺脫寂寞而選擇了不同的方法，生活也將會有所不同。

有兩個女孩子都是從南部來到台北謀求發展的。在市郊的地方，她們合租了一棟公寓，並且在這個城市中各自尋找到一份不錯的工作。

當然，剛來台北的時候，她們都被寂寞包圍著，而在工作之餘，她們也都渴望能夠得到周圍人們的認可和接受。因此，兩個人都在為自己的理想努力奮鬥。

其中一個女孩子極富智慧，她認真對待周圍的事物。身為一個女孩子，為了想在大都會中尋找一段幸福的生活，她縝密的規劃自己的生活。她加入一個教會，認真參加教會中的任何活動；她不僅參與各種討論，還去修習關於人格修養的課程。同時，她也努力和優秀的人成為朋友，用自己的努力使自己的生活變得越來越健康與幸福，擺脫了寂寞。

而另一個女孩子，在最初來到大城市的時候同樣寂寞，但她卻選錯擺脫寂寞的道路。她交上一些酒肉朋友，常去夜店尋找刺激；最後，她不得不加入一個戒酒俱樂部，過著更加寂寞痛苦的生活。

其實，每個人都會感到孤獨，有時還會感覺與周圍的社會格格不入，或難以被周圍的人們所接受，而這種情緒則很容易加深人們的寂寞，也會因此產生消沉的情緒。卡耐基告誡人們：「若想擺脫寂寞，就不能自我憐憫，應該走進光明，努力結識新的朋友，與他們一起分享快樂。然而，這卻需要很大的勇氣。但是，仍然有很多人做到了。」

從那些成功擺脫寂寞、走出消沉的人們身上，我們可以看到一個共通的法則——「積極」。

「積極」對於任何一個人來說，都是十分有益的。當消沉的情緒在他們心中擴散的時候，他們不會像其他人那樣束手無策地只會抱怨，而是迅速將自己調整到一個對抗消沉的狀態；他們會盡最大的努力讓自己安靜下來，不浪費時間和精力在訴苦和抱怨上，而是將自己的注意力轉到令人愉快的事情上。一旦自己的思維向不愉快的事情上發展，他們就會立刻停止思考，轉移自己的注意力，充分利用心中的潛意識將自己的思維引向令自己愉快的事情。當一個身處寂寞的人其思維被愉快的事情占滿時，他的寂寞感自然會消退，他的消極情緒也會有所改變。

但是，人們應該意識到的是，這種**改變寂寞的能力並不是與生俱來的**，而是在成長中逐漸形成的。當人們能夠通過這些方法擺脫消沉的情緒和寂寞時，他們就會得到對自己的人生和事業都十分有益的經驗，他們也會成為能夠承受寂寞、懂得享受寂寞的人。只有這樣，人們才能夠在寂寞中修煉廣闊的心境，使理想的綠洲開出名為希望的花朵，也可以使自己擁有樂於奉獻的情懷，和強烈的自尊心與自信心。在寂寞和消沉中，人們用自己的理性塑造自己、鞭策自己和完善自己。

能夠在寂寞和消沉中完成對自己意志和品格的塑造，才是真正能夠承受寂寞的人。只有這種人才能擺脫消沉的情緒，使自己的生活進入一個絢麗的階段。

其實，任何人都不可能躲避消沉的情緒，而寂寞也是人生中不能避免的；但是，能夠不被寂寞和消沉所傷害，能夠走出寂寞，擺脫消沉，這樣的人一定是一個幸福的人。

寂寞只是一種心境，消沉也是一樣，當人們走出寂寞和消沉的心境後，就會發現，世界依然喧囂熱鬧，生活的樂趣正在等著他們體會。如果說寂寞是一種心境，耐得住寂寞就是一種智慧和精神。尤其是當無邊的消沉向人們襲來的時候，更應該學會擺脫消極，這樣才能擁有一個絢爛的人生。

受得住寂寞，才能品嘗成功的滋味

無論世界怎樣千變萬化，人們都不能徹底擺脫寂寞的糾纏。不能承受寂寞的人終究會失去自己的光芒，而能夠承受寂寞的人才有走向事業巔峰的希望。無論身處哪一行業，都有不能承受寂寞的失敗者，也有耐得住寂寞的成功者，只有些能夠耐得住寂寞的人才是事業中日行千里的良駒。

其實，寂寞是一種難得的感覺。在感到寂寞的時候，不妨將自己置於喧鬧的世界之外，默默地用知識充實自己，或者獨自思考，為事業的成功積蓄小小的力量。如果人們在寂寞的時候焦躁不安，只會令自己走上與成功背道而馳的道路。

人們常說：「十年寒窗無人問，一舉成名天下知。」韓國偶像團體的出道，或許就是這句話的最好印證。

《Sorry Sorry》這首紅遍大街小巷的金曲，讓全亞洲的人都認識了「Super Junior」，但卻沒有人多少人知道，在他們站上光榮的頂點前，經受了多少的辛酸與寂寞。Super Junior於二〇〇五年出道，而在此之前，團員之中的利特和銀赫更是早在二〇〇〇年就已經被SM經紀公司相中成為練習生，接受出道前的訓練準備；而出道時的十二位團員，也都或多或少的經歷了痛苦的練習生時期。在這個時期，他們對於未來其實充滿了無助與恐懼，艱苦的訓練以及對於未來的無法預期，更是讓他們在精神上受盡了寂寞的煎熬。

機會終於來了。隨著二〇〇三年底，SM旗下「東方神起」的成功，二〇〇五年初，SM終於發佈消息，將於年底推出新的男子團體「Super Junior 05」。

對於團員來說，這是個好消息，但同時也是個壞消息。因為經紀公司企圖讓這個團體成為「亞洲明星的大門」，計劃讓其中的團員不斷輪替換代——就像日本的早安少女組一樣——每年以新成員替換舊成員，成為年輕偶像出道的跳板。也就是說，二〇〇五年底出道的Super Junior 05，很可能不到三個月後就必須面臨解散的命運，將被新的團員取代為 Super Junior 06。

為此，Super Junior 05 的成員並沒有因此消沈，相反，他們用加倍的努力來追逐自己夢想的實現。多年後，身為團長的利特回憶當時是這麼說的：「所以我們一直將每次的表演看成是最後一次站在舞臺上，一直不懈努力著。最後因為我們不斷地努力才能走到今天，正因為如此我們才想一直一起走下去。」

的確，他們的努力讓眾人驚艷，二〇〇五年，他們的首張專輯拿下韓國排行榜第三名，隔年，他們的第二張單曲《Miracle》更在韓國音樂榜奪下第一名寶座；之後經紀公司取消了原本的「跳板計畫」，去掉 05 後，Super Junior 成為正式團名。從此，他們依舊維持著不懈的努力：一邊打點滴一邊趕通告、在舞台上跳舞跳到昏迷、即便面對家人的逝世仍舊堅強站上舞台……他們每個人都用盡全力，為自己的夢想奮鬥，最後終於成功的征服了亞洲樂迷的耳朵。

他們的成功，是因為耐住了難以承受的寂寞，同時，他們將成功的種子深深埋進土地，默默地積蓄成長的力量，吸收養分，最終才將成功的果實掛上枝頭。這個過程是漫長且寂寞的，而最終的成功卻是美好且幸福的。如果他們當初沒有經歷過寂寞的過程，或者不具備承受寂寞的堅強意志，又或者沒有從寂寞中磨練出絕不回頭的努力，他們將永遠不會品嘗到成功的滋味。能夠承受寂寞，就相當於將成功的標籤貼到了自己身上，使自己擁有與眾不同的特質，而這正是每一位成功者所必須具備的人格特質。

無巧不成書，另一位更偉大的音樂家——貝多芬，同樣也體現了成功者必須承受寂寞的道理。

貝多芬是德國著名的作曲家，也是維也納古典樂派的代表人物之一，他的音樂成就博得了世人的讚頌，人們將「樂聖」的尊稱送給了他。

在多年追逐音樂的歷程中，貝多芬創作了《第九交響曲「合唱」》、《月光奏鳴曲》等名揚世界的鋼琴樂曲，而這些流芳百世的音樂作品正是貝多芬承受無數寂寞的結果。

貝多芬處於而立之年的時候，遭受到巨大的打擊──他逐漸失聰了。這對一個對音樂懷有熾熱感情的人來說，無異於剝奪了他藝術的生命。但是，貝多芬並沒有因為自己逐步失去聽力而放棄音樂夢想，而是寂寞地穿行在音樂世界中，譜寫了許多如《月光奏鳴曲》一樣的千古名曲。而關於《月光奏鳴曲》的創作，還有一個美麗的傳說。

據說，有一年的秋天，貝多芬在各地進行巡演，當他路過萊茵河畔一個小村子的時候，聽到一陣美妙的音樂，這正是他的曲子。於是，在好奇心的驅使下，貝多芬走近了那個傳出樂聲的小屋子，並且聽到兄妹二人的談話。談話大意是：他們想進入表演廳傾聽貝多芬的音樂，但音樂會的門票太貴了。

於是，貝多芬走進了屋子，但站在他眼前的，卻是一位盲眼的女孩。當他看到她對音樂如此癡迷，貝多芬深深地被感動。於是，他有感而發，即興演奏了一首曲子，這就是後來成為千古經典的《月光奏鳴曲》。

熟悉貝多芬故事的人們都說，貝多芬是一位飽嘗了無數辛酸的音樂大師；也有人說，失聰是命運與貝多芬開的一個巨大玩笑，也是一種無情的嘲諷；還有人說，貝多芬在失聰之後，以一種超人的毅力堅持創作鋼琴曲，同時也承受了巨大的寂寞，才取得了令人難以置信的成就。

出人意料的是，在貝多芬失聰後，他創作樂曲的水準卻遠遠超過了早期作品。假如沒有失聰的時光，貝多芬就不會經歷如此多的寂寞；如果貝多芬被失聰帶來的寂寞壓垮了意志，也就必然不會有後來的成就。

無論是 Super Junior 故事，還是貝多芬的故事，都講明了一個道理：**成功與失敗的距離並不遙遠，很可能只是咫尺之間的距離**。

雖然成功與失敗的距離如此之近，但若想從失敗跨越到成功卻是十分不易的，想要完成這個跨越，必須具備時機、勇氣、精神和境界；但是，這些東西只能在人們承受寂寞時才會來到人們的身邊。假如貝多芬在失聰之後無法承受寂寞，自暴自棄，就不會有流傳千年的名曲；假如 Super Junior 在練習生時期因為看不見未來就自暴自棄，也就不會在後來取得成功。因此，也可以說，擁有寂寞並不代表著絕對的成功，最重要的是人們是否能夠忍耐寂寞。無論在哪一領域中，能夠成就大事的人都是能夠守住寂寞並且善於利用寂寞的人；寂寞是成功的曙光，也是為即將成功的人創造的有利條件，更是為有準備的人創造的機遇。

其實，那些能夠成功的人，他們唯一擁有的特異功能絕不是超人的智商，而是他們能夠承受寂寞的耐力。當他們在追求成功的道路上遇到寂寞時，他們懂得調節自己的心理，即使寂寞已經將他們折磨得近乎精神崩潰，他們也不會輕易說放棄；相反，他們會用自己堅強的毅力對抗寂寞，這就是成功之人克服寂寞、享受寂寞的秘訣所在，也是他們能夠從寂寞走向成功的重要原因。

任何一個成功的事業都離不開寂寞的歷程，任何一個人在成功的道路上都離不開寂寞的陪伴。能承受寂寞、享受寂寞的人才會有獲得成功的機會。其實，每一個成功的人都有自己的方法，但寂寞確實是眾多的成功方法中必不可缺的一味配方。

假如一個人不能承受寂寞，他必然生活得不愉快，一些負面情緒將使他惴惴不安。相反，能夠承受寂寞的人善於從寂寞中尋找樂趣，他們會用一些有趣的事情來填補寂寞的時光。在這個過程中，他們往往積蓄了促進自己成功的力量。因此，只有那些能夠承受寂寞、能品味寂寞的人，才能將寂寞的生活變為成功的機遇。他們懂得，當一個人處於寂寞中的時候，應該做自己應該做的工作，這才會讓自己的生活變得更有意義。

其實，每一個人都希望自己能在事業上取得令人羨慕的成就，但卻不是所有的人都能實現這個願望。那些能取得成功的人會早早為成功做好充分的準備，也會做好在追求成功的過程中承受寂寞的準備；他們清楚地知道，若想成功，必須準備接受現實帶來的無情打擊，也要接受周圍人們的冷嘲熱諷和生活的艱辛，而這一切都有可能帶來寂寞與孤獨。就像詩聖杜甫所體悟的道理一樣：「文章千古事，得失寸心知。」不能承受寂寞的人與成功之間的距離將會越來越遠，**只有受得住寂寞的人才能夠成功**。

在寂寞中學會冷靜的智慧

一個人身處於寂寞中，就是得到了一個休息、整理的機會；而冷靜，正是人們在身處寂寞當中才能得到的一種智慧，它能夠激勵我們，給自己信心和勇氣。

其實，每個人都渴望被讚賞，渴望得到別人的認可和鼓勵。當人們得到這些的時候，就會產生一種欲望，這種欲望促使著人們發揮更大的力量。因此，當人們處在寂寞中的時候，焦躁、煩憂絕對不是正確的做法，保持冷靜才是最佳的選擇。

不過，很多人都沒有領悟到「**寂寞中的冷靜**」這句話的意義，錯誤將這裡的「冷靜」理解為麻木不仁。實際上，冷靜是一種智慧，它能令人們臨危不亂，能夠從容地、坦然地面對一切事物，無論發生多大的事情，都能夠以冷靜的態度面對，這樣最終才能找到解決的辦法。

在某個地方，有一個又窮又笨的人，卻在一夜之間得到許多錢財，成為一個大富翁。不過，雖然他貧窮的生活改善了，但面對著突然多出來的錢財，他卻不知道如何處理，找不到正確的管道來使用這些錢。

於是，他去請教一位德高望重的和尚。

和尚聽了他的情況後，開導他說：「你從來都沒有擁有過如此多的錢財，也沒有什麼智慧；現在雖然有了錢，也改善了貧窮的生活，但你仍然和過去一樣，沒有智慧。所以，我認為，你還是去尋找有智慧的人，向他們請教智慧的方法吧！假如你肯付出相應的價錢，終究會有人願意將自己的智慧教給你。」

這個人覺得和尚說得有理，於是拜別和尚，踏上了尋找「有智慧的人」的旅程。為了尋找到和尚說的「有智慧的人」，他逢人就問哪裡有出售智慧。但是，當他問遍所有人之後，還是不知道出售智慧的地方，這讓他澈底絕望。就在此時，他碰見了一個哲人。

聽了他的訴苦，哲人說：「其實，得到智慧並沒有你想像中那麼難。我可以告訴你一個獲得智慧的方法：當你遇到疑難的事情時，不要急於作出決斷，也不要倉促地下結論或者進行處理，而應該先向前邁七步，然後再向後退七步。在如此進退三次之後，你自然就會得到智慧。」聽完哲人的話之後，這個人有點將信將疑：「這難道就是智慧嗎？怎麼會這麼簡單呢？」不過，他仍然帶著向哲人買來的智慧，回家了。

到家之後，他在昏暗中推開了房門，忽然發現，床上睡著兩個人。他頓時大驚——妻子竟然趁自己不在家的時候與人同眠？

他非常生氣，拔出刀來就打算要砍床上的人。就在他手持刀，向床邊走過去的時候，他想起了哲人所說的話。於是，他決定試一試自己白天買來的智慧是否正確。所以，他按照哲人所說，先向前邁七步，再向後退七步，往返三次，然後，他點亮了燈再次向床上望去。

這時，他才發現與自己妻子同眠的人正是自己的母親。原來，他的妻子害怕獨睡，便在他外出期間，請來了婆婆與自己做伴。

這個故事告訴人們，當一個人被憤怒的情緒衝擊的時候，很容易昏了頭。此時，如果不加以冷靜地思考就會失去理智，做出一些錯誤的決定，而這些決定很有可能令自己終身後悔。因此，當人們遇到問題時，不妨先冷靜下來，重新思考整個事情的過程，然後再做決定，這樣，就會獲得截然不同的結果。

當然，在重新思索事情經過的時候，往往也必須同時接受寂寞的考驗。

當人們對事情已經有了一些負面的、錯誤的認識時，容易產生不安、焦躁甚至憤怒的情緒；如果在這種情緒下要重新思考事情的經過，改變自己已經形成的錯誤認知，並進一步得到正確結果時，人們通常都必然要忍耐寂寞的煎熬。**如果人們無法在這個時候承受寂寞，也就無法靜下心來重新思考事情的經過，更不能得出正確的認知**，最終，無非是會按照最初形成的錯誤認知處理問題，那麼，多半也會給人們帶來無法挽回的損失。

就像上面所說的故事一樣，如果當初這個人沒有按照自己買來的智慧處理問題，而是在一怒之下拔刀向床上砍去，結果也必定會令他懊悔終生。

讓我們再來看看另一個故事。

尤翁是古代的一個商人，他開了一家當鋪做生意。

某年年底，正值當鋪最忙碌的時候，尤翁忽然聽到門外有一陣喧鬧聲。於是，好奇的尤翁推門一看，門外是附近一位貧困的鄰居。值班的夥計看到尤翁後，告訴他說：「這傢伙因為窮，當初將衣服典當了，換了些錢，但是今天卻空著手來想把衣服拿回去。不給他，他就在這邊又罵又鬧的，還真是長眼睛沒見過這樣不講理的人！」說這話時，那個氣勢洶洶的鄰居依然死賴在當鋪門口。

尤翁知道情況後，走向那個窮鄰居，一派輕鬆地說道：「我懂你的想法，不過是想好好度個年關罷了。這種小事值得爭論嗎？」說完，尤翁吩咐那個值班的夥計找出窮鄰居的典當品，衣物、蚊帳加起來總共有四五件。

當夥計將東西拿到尤翁面前後，尤翁指著棉衣說：「這件衣服是抗寒不能缺少的，」然後尤翁又指著一件外袍說：「這件衣服也讓你留著過年穿。至於其他的衣服，你不急用，所以就先放在這裡吧。」那位窮鄰居拿到兩件衣服後，也羞於再糾纏下去，立刻離開了。

不過，就在當天夜裡，這個窮鄰居卻死在另一家人的家裡。

原來，他先前和人打了近一年的官司，並且因此背負龐大的債務，因為如此，他有了放棄生命的念頭，打算事先服下毒藥，到尤翁那裡藉機敲詐一筆錢；結果，尤翁卻沒有上他的當，於是他只能將目標轉移至另一家人。

後來，有人問尤翁，是不是知道他的目的所以才特別容忍這個人的無理取鬧？尤翁回答得十分簡單：「凡是無理取鬧的人一定有所依仗。所以如果我們不能在小事上忍耐，不能冷靜地思考事情的過程，就很有可能遭殃。」旁人聽了，無不佩服尤翁的智慧。

其實，控制情緒原來就不是一件容易的事情，但尤翁卻能夠做到這一點，這是因為，每個人的心中都有著理智與情感的一面，彼此之間相互鬥爭制衡；要學會控制自己的情緒，在衝動的時候能夠忍耐下來，孤獨地、冷靜地重新思考整個事情。這就像是一個人的習慣一樣，不是人們與生俱來的能力，它同樣需要透過訓練。

要如何培養冷靜思考問題的習慣呢？最好的方法如下：

首先，要冷靜地、不斷地分析自己的行為可能帶來的長期後果；

其次，要分析自己合理合法的最大利益，在明確這個問題之後再採取行動。

只有這樣，才能在被負面情緒衝昏頭之前理智的思考，進而清楚自己的這種行為將會為自己帶來的後果，也才能冷靜的將問題處理好。

能夠在被激動情緒衝昏頭之前進行冷靜地思考，並且能夠獨自承受此時的寂寞，這正是**冷靜的智慧**。就像古人所說的：「靜而後能安，安而後能慮，慮而後能得。」這正是在闡述冷靜思考所能為人們帶來的好處；真正懂得冷靜的人，會在遇到問題時保持一顆平常心，能夠冷靜面對眼前出現的問題，不讓緊張和急躁蒙蔽自己的眼睛，使自己無法作出準確的判斷進而導致失敗、造成損失。

不過，若想冷靜地對事情作出準確判斷，必須做好承受寂寞的準備，這是因為面對問題保持冷靜心態並不是簡單的事情，如果沒有承受寂寞的毅力，必然容易失去冷靜，無法解決問題。

冷靜是一種智慧，是一種將知識和承受寂寞的能力融合起來的智慧，更是一種理性和氣量的深刻感悟。當人們面對社會、面對現實的時候，必須具備一種人性的成熟，才會體驗出生命的美感；而這種成熟的體現方式之一，就是能夠冷靜地處理問題，能夠承受寂寞。只有這樣，人們才能更快地到達成功彼岸。

只有真正擁有成功潛質的人才能以冷靜的態度面對一切問題，同時培養自己承受寂寞的能力，在自己追求成功的道路上穩步前進。因此，懂得成功之法的人絕對不會在自己焦慮、憂愁或者急躁的時候做出決定，而是當自己以冷靜的心態思考問題之後，再選擇出正確的方法，並且從中體現出自己的智慧。

篇二

寂寞是一段忍耐淬鍊的蛻變

寂寞是一種虛無縹緲的感覺，它時有時無，斷斷續續地伴隨著你一生的時間。它像毒藥，不致命，但它的折磨卻讓大多數人難以忍受。

很多人耐不住寂寞，於是在追求理想的道路上半途而廢，甚至做出令自己後悔的事情；也有一些人，經受住寂寞的考驗，他們承受寂寞給他們帶來的精神上的磨練、意志上的考驗、空虛內心上的試煉，遂成就了自己的成功，也將自己的內心修行得更加強大。

用忍耐詮釋寂寞，讓滋長的寂寞茁壯為成功的大樹

忍耐與寂寞在冥冥之中總被一條看不見的線連接著，很多時候，人們都會說自己在忍耐寂寞，但卻不知道忍耐與寂寞正是一種相互詮釋的關係。

其實，寂寞是每個人與生俱來的一種情緒，沒有任何一個人可以免於寂寞；那些說自己不寂寞的人，只是渴望在喧鬧的人群中驅走自己的寂寞，但他們卻不知道，所處的環境越喧囂，自己內心的寂寞感就越強烈！**當喧囂過去，留下一室的狼藉，除了寂寞，還剩下什麼？**喧囂不是驅除寂寞的好方法，若要驅除寂寞，唯有忍耐。只有耐得住寂寞的人，才能將寂寞轉化為一種積極的能量，為己所用。

寂寞對意志不堅強的人來講，是一種慢性腐蝕的毒藥。儘管這些人在寂寞剛剛發芽時，或能忍耐住那小小的寂寞，但當寂寞滋長成一棵小樹時，他們就開始騷動

不安地想衝出寂寞的牢籠。即使這些人能夠取得一些成績，那往往也只是一些微不足道的成績，他們無法取得更大的成就。

若想獲得更大的成就，就一定要耐住逐漸滋長的寂寞，不管是幾個月、幾年、還是幾十年，總之，只有忍耐寂寞，才有機會讓自己逐漸茁壯。

「*眾裡尋他千百度，驀然回首，那人卻在，燈火闌珊處。」這句話是*王國維評價人生境界中的第三境界，也是人生的最高境界；同時，這句話也是「百度」這個全球中數一數二的華文搜索引擎的來源，它不僅象徵著「百度」對資訊檢索技術孜孜不倦的追求，更表明了百度為實現讓所有的人可以使用快捷搜尋引擎的願望，其能夠耐得住寂寞的決心。

一九九九年底，百度公司成立於美國矽谷；二〇〇一年，百度在北京成立它的全資子公司——百度網路科技有限公司。儘管百度邁出了創業的第一步，但此時的百度若想在搜尋引擎這一網路領域中占有一席之地，並不是一件很容易的事情。

因為當時，Google與Yahoo已經可以說是在搜尋引擎這一領域處於獨大的狀態。儘管百度的創始人李彥宏和徐勇在美國矽谷積累了豐富的工作經驗，但如何製作一個搜尋引擎網站、如何管理一家這樣的公司，對他們來說依舊是個難題。

但憑藉著對搜尋引擎的夢想和熱情，他們兩個人毅然創建了百度。除此之外，他們並不滿足於將百度僅做成提供網路內容的網站，同時也不滿足於將百度做成網路門戶，他們的目標，是立志將百度打造成一家掌握並提供網路核心技術的技術型公司。

不過他們也知道，若想實現這個願望，就必須在百度公司的初期，僅專心致力於一個單一的發展方向，只有將百度公司的基礎打造得牢不可破，才能夠選擇放射型發

*這是出自南宋豪放派詞人辛棄疾的《青玉案》。王國維在其《人間詞話》中借用了晏殊的《蝶戀花》、柳永的《蝶戀花》、辛棄疾的《青玉案．元夕》，抽取其中三句名言串連成「三境界」，以文學的意象呈現大事業家、大學問家成功的秘密。

*王國維（一八七七年至一九二七年），字靜安，又字伯隅，晚號觀堂，謚忠愨。國學大師，與梁啟超、陳寅恪和趙元任號稱清華國學研究院的「四大導師」。

展的道路。只有忍耐住創業時期的寂寞，腳踏實地的將百度這家未來網路科技公司大廈的地基打得堅固，才能讓百度立得更穩，建得更高。

在創業之初，李彥宏和徐勇就做好了承受寂寞的準備。一九九九到二〇〇二年是百度公司的創業初期，也是百度發展最艱難的時期，那個時候，由於百度的業績不佳，無法吸引廣告商來投資以維持公司運轉，使百度陷入岌岌可危的境地，但他們卻堅持了下來；為了獲得資金支援，李彥宏找到*索羅斯，向他闡述百度公司的未來發展前景。儘管索羅斯對於「網路世界」這個新興事物沒有太大的興趣，但他在分析後卻發現百度具有的巨大潛力，當即決定購買五千股百度公司的股票。

索羅斯購買百度公司股票的這一消息傳開後，立刻吸引眾多投資者跟風買進，百度公司的危機獲得緩解。此後，百度的發展逐漸步入正軌，如今在中國地區已經占有領導者的地位，這正是由於他們善於蟄伏、能夠忍耐住創業寂寞所產生的結果。

因此，在他們看來，這種忍耐是必需的，只有耐得住寂寞、經受住寂寞考驗的人才能成就大器。正如同孟子所說的：「天將降大任於斯人也，必先苦其心智，勞其筋骨……」**只有在寂寞中堅持下來的人，才能感覺到自己積弱成強的變化**。可以說，百度人正是憑藉著他們耐得住寂寞的堅強意志，將百度從零開始，打造成如今這座讓人仰望的網路大廈。

因此，渴望成功的人們應該看到，儘管寂寞會讓人在一段時間裡變得孤獨甚至要承受痛苦，可一旦經受住寂寞，這個人就必成大器。古往今來，因為承受住寂寞而功成名就的人們都可引為例證，像江邊垂釣的姜子牙、南陽臥龍的布衣丞相諸葛亮，或是在現代引起「林來瘋」現象的林書豪、當了六年家庭主夫的國際名導李安，他們不都是因為耐住了生命中的寂寞，抵住了外面花花世界的誘惑，才使自己在事業上取得成功嗎？

*喬治．索羅斯（George Soros，一九三〇年出生），是匈牙利出生的美國籍猶太裔商人，著名的貨幣投機者、股票投資者、慈善家和政治行動者。

一個人若想完善自己，積弱成強，除了自身的才幹以及個人努力之外，還需要機遇與舞台；否則，無論一個人多麼有才華、有能力、有幹勁，都無法取得成功。而尋找機遇和舞台的時候，恰好是一個人最寂寞的時候，這種寂寞正是意志力的修行，人生的修煉。

可以說，**忍耐寂寞是一種在自己實力弱小的時候保護自己的一種策略**。只有在忍耐寂寞的時候，不引人注意地慢慢成長，才能避免別人的惡意打壓，使自己慢慢茁壯，積蓄抵抗風雨的能力，然後驕傲地出現在世人面前。可以說，忍耐更是一種兵法，這種兵法無論在古代還是在現代都十分適用。忍耐寂寞是在自己處於劣勢的情況下，保持自己的實力、麻痺對手的一種方式，這種方式可以讓對手認為你沒有爭勝之心，輕視你；讓你可以憑藉著忍耐寂寞的能力，厚積薄發、恢復並鞏固自己的力量，使自己在適合的時機給對手致命一擊。

能夠忍受住無人理解的痛苦、沒人支持的寂寞的人，能夠抵受外面花花世界的誘惑、獨守自己內心高風亮節的人，能夠不受外在世界紛紛擾擾的影響、堅持自己理想的人——都是能夠承受寂寞的人。在忍耐一段時間的寂寞後，他們不鳴則已，一鳴驚人，將成為令人無法小覷的成功者。

寂寞是很難忍耐的，因為當人處在寂寞中，就會滋生孤獨、毀滅、墮落等消極的意識。但是，只要人們能夠耐得住寂寞，忍受寂寞中的孤獨，忍受寂寞帶給自己內心的痛楚，他們才能在走出寂寞的時候收穫成功，並使自己的信念更加堅定。因此，寂寞需要人們忍耐。**人們只有在不利於自己的形勢之下，善於忍耐寂寞的痛楚，才能厚積薄發，使自己逐步成長，將劣勢扭轉為優勢，讓自己的人生逆轉勝！**

在低潮中忍耐寂寞，在寂寞中孕育希望

一個人在他的一生中都會遇到低潮，沒有人可以避免這種情況；一旦你遇到了人生的低潮，不應該逃避也不應該自暴自棄，要勇於接受現實，用超乎常人的耐力度過你的低潮。

低潮時，你應當讓自己沉寂下去，掃除遮擋在眼前的障礙，看清自己未來的方向，積蓄自己的能量，讓自己能夠一鼓作氣，衝出迷霧；如果你能夠經受住考驗，衝出迷霧的你就會在重新開始之後像浴火重生的鳳凰，有了對人生更深的感悟，擁有更強的分析能力，對事物透露出來的本質了解得更為透徹。

低潮其實是一種因禍得福的收穫過程，大多數成功的人們都經歷過人生的大起大落，他們以忍耐度過了人生的低潮，才能獲得如今的成功。

一九九九年，李安以《臥虎藏龍》獲得奧斯卡最佳外語片獎及三個技術獎項，使他繼《理性與感性》後再度獲得國際的肯定，更是華語電影在歐美市場破紀錄的成功。此後，二〇〇六年與二〇一三年，他又分別以《斷背山》和《少年PI的奇幻漂流》獲得兩屆奧斯卡最佳導演獎，是台灣之光，更是世界耀眼的明星。但是在這樣的功成名就背後，李安所經受過的低潮與寂寞，卻沒有多少人能夠忍受，或許他的成功，必須歸功於這段低潮的歷練，以及一個懂得「寂寞」的好老婆。

一九七八年，在美國伊利諾大學攻讀戲劇系的李安，認識了在同一所大學攻讀生物學博士學位的林惠嘉，兩人很快進入熱戀。理性的林惠嘉和感性的李安，兩人可以說是天作之合，雖然之後李安於一九八一年前往紐約大學攻讀電影製作研究所，但分隔兩地的他們仍然在寂寞中守住愛情，通過電話撫慰彼此的心靈，支持彼此堅持住自己的理想。

認識五年後，兩人結婚了，但婚後的生活才是他們對彼此考驗的開始。一九八四年，李安的畢業作品《分界線》獲得紐約大學沃瑟曼獎最佳導演獎及最佳影片獎，可是這並沒有拓展開他在美國的事業，一個沒有任何背景的華人，在美國的電影界根本不可能有出頭天的機會。

因此，有長達六年的時間，李安失業在家靠妻子養家糊口，除了本份的擔起家務，負責買菜、煮飯、帶孩子等工作外，更不得不承受「小白臉」、「吃軟飯」等罵名。但李安仍舊在寂寞中堅持住自己的理想，在這段低潮期中大量的閱讀、看影片、寫劇本，默默地為未來的發展積蓄能量。

而承受壓力的當然也不僅只李安一人，他的太太也受到各方親友地壓力，她也曾想過：「自己真的要與這樣的人過一輩子嗎？」，但在情緒過後，她也會譴責自己不應該這麼想，同時更加肯定李安對電影的興趣與才華。她知道，李安天生就是拍電影的人才，也只有在拍電影的過程中他才能找到快樂；所以當她知道李安承受不住壓力與寂寞，在家偷學電腦準備外出打工時，她告訴李安：「學電腦的人那麼多，又不差你李安一個！」在她理性的堅持下，李安終於回歸了寂寞的沉澱，在低潮中涵養能量、仰望希望，繼續在電影夢中打拚。最後終於在一九九〇年以自己編寫的《推手》，得到臺灣新聞局劇作獎，並獲得臺灣中央電影公司投資，打開了自己事業的出路。

不得不說，林惠嘉是真得懂得「寂寞」意義的好太太，在李安功成名就後，她曾告訴媒體，自己對李安最大的幫助就是「不理他」，讓他去沉澱、去成長，讓他為自己找到的方向、做出的決定負責。林惠嘉還說，在他們第二個兒子出生時，她甚至告訴李安：「你放心去辦你的事吧，我一個人能行。而且你又不能幫忙，又不能幫我生！」

就是有這樣一個幫助他守住寂寞、忍耐低潮的好伴侶，李安才能在低潮中守住寂寞、看到希望、追求理想，最後有了今日的成功。李安從低潮中體悟到寂寞與忍耐的意義，這讓他的電影出現獨特的異化、邊緣化和壓抑的風格，更擅於隱喻和人生意義的追尋。他覺得人生和他拍電影的過程很像，如同生孩子一般，要生的時候很痛很痛，但生完之後卻想生下一個。人生就是這樣，必須在忍耐中成長，在鍥而不捨的追求中獲得卓絕。

任何人都要在自己的人生經歷低潮。面對這些低潮，最重要的是你要忍耐寂寞。從李安導演的故事中我們可以知道，如果自己先絕望了，放棄追求理想的機會，那麼全世界也會放棄你，對你絕望；只有找到出路，找到希望，世界才會站在你的身邊，與你一起奮鬥。

可以說，**人性中最可怕的地方不是心生邪惡，而是一個人的內心充滿絕望**。一個內心充滿絕望的人，他的內心就如同一潭死水一般，只會散發著惡臭；而他將像一具行屍走肉一樣地生活，眼裡看到的世界只有一片黑暗，看不到這個世界的美好。只有那些忍耐寂寞的時候，找到希望的人，才能感受到每一天的美好，使自己充滿信心、充滿幹勁。

忍耐寂寞，獨自綻放光彩

被認為是美國最重要的作家之一的*福克納，一生都居住在自己故鄉那如同「郵票一般大小的地方」，過著離群索居的寂寞生活；即使是這樣，到了晚年，面對這個封閉的環境，福克納還嫌熱鬧，於是為了享受清淨、享受寂寞，他悄悄買下一座用來隱居的農莊。

福克納為了讓自己安靜、閒適、寂寞的生活不被打擾，曾經拒絕美國總統甘迺

*威廉．福克納（William Cuthbert Faulkner，一八九七年至一九六二年），一九四九年諾貝爾文學獎得主，兩次普利茲小說獎得主。一般認為，他是一九三〇年代裡唯一一位真正的美國現代主義作家，以長篇和中短篇小說見長，同時也是詩人和編劇家，著有：《聲音與憤怒》（或譯《喧嘩與騷動》）、《不敗者》、《獻給愛米麗的玫瑰》等作品。

迪的邀請，他的理由是：為了吃一頓飯，就叫我跑到白宮去，太遠了，我老了，走不動。這實在令人訝異，如果是常人接到白宮的邀請，多半會認為是種榮耀、是值得炫耀的事，一定會欣然接受。但這位性格古怪的諾貝爾獎得主卻拒絕了！

不只是福克納享受寂寞、願意忍耐寂寞中的孤獨，歷史上同樣也有許多離群索居、忍耐寂寞的隱士高人，像「斯是陋室，惟吾德馨」的*劉禹錫、「不為五斗米折腰」的*陶淵明等，這些人始終保持著自己內心的高潔，忍耐著「*世人笑我太瘋癲，我笑世人看不穿」的寂寞，孤獨地生活著。

但是，回首現代，隱士、智者和高人如今已無法真正地遁入山林，修行身心的寂寞與寧靜，所以只能選擇「大隱隱於市」。

現代文學巨匠*錢鐘書就是這樣一個「大隱隱於市」的人。他和妻子楊絳一輩子都在離群索居中寂寞地度過。白天，他們的家裡沒有一絲聲息，彷彿無人居住一般，屋內家徒四壁、空空如也，根本不像有人在這間屋子裡生活一樣；但是，他卻和自己的妻子在這樣的環境裡各自守著一張書桌、一盞檯燈，靜靜閱讀，除了偶爾的翻書聲和刷刷的筆記聲之外沒有任何聲響。

不僅如此，這股「寂寞的寧靜」還深深地滲入到錢鍾書待人接物的人情世故中。

某年春天，一位政府的要員前來拜年，但錢鍾書卻將門打開一道縫，對這位官員說：「謝謝你的祝福，我很忙，就不招待你了。」之後，他便將門關上了。

---

*劉禹錫（七七二年至八四二年），字夢得，唐朝著名詩人，中唐文學的代表人物之一。

*陶淵明（三六五年至四二七年），自號五柳先生，晉代文學家。以清新自然的詩文著稱於世，開田園詩體，影響後世唐代詩歌的創作。作品有《歸園田居》、《桃花源記》、《歸去來兮辭》等。

*出自唐寅的《桃花庵歌》。唐寅（一四七〇年至一五二四年），字伯虎，號六如居士、桃花庵主、逃禪仙吏等，明代著名畫家、文學家，素有「風流才子」的之名。

*錢鍾書（一九一〇年至一九九八年）作家、文學研究家，通曉多種外文，包括英語、法語、德語、拉丁文、義大利文、希臘文、西班牙文等。余光中常稱道錢西學列於中國人之第一流，可謂集古今中外學問之智慧於一身。

還有一次，政府部門邀請他參加國宴，他對那個人說：「謝謝你們的邀請，但是我很忙，就不去了。」來人替他想了個理由，說：「就說你生病了，去不了。」錢鍾書聽後連連擺手說：「不不，不用，我身體很好，只是因為我很忙，所以我不去。」這就是錢鍾書，一個在離群索居中忍耐著寂寞，將熱鬧、喧囂摒除在生活之外、不會八面玲瓏、不懂妥協的大學者。

只有像*沈從文這樣能夠忍耐寂寞，將寂寞作為一種享受的大學者才最能瞭解錢鍾書。

任何人都不會想到，沈從文和錢鍾書這兩個至交好友，他們同住一個社區二十年，卻只串門兩次，但又偏偏是最瞭解彼此的好朋友。

春天的時候，沈從文的故鄉老家給他送來新茶和春筍，他拿出幾包放在錢鍾書家的門前，回來後打個電話讓他自己開門去拿。以此避免自己親自送過去後，會打擾到錢鍾書和他夫人做學問的時間。

還有一次，沈從文和錢鍾書相約一同去探望一位二十多年未見的老友，到了旅館，他們才知道這位老友赴宴去了。為了見到老友，他們等上一個多小時。待他回來，才知道這個老友原來是去參加某個大人物的宴會，交談中，他與奮得旁若無人，說：「他左邊坐著某某，我坐在他的右邊。這個宴會只有我們三個人，卻上了一桌子的菜。」

聽著老友滔滔不絕地談宴會上的事，沈從文坐不下去了，對錢鍾書說：「老錢，走？」錢鍾書站起身，不管老友錯愕的表情，回答：「走。」

他們二人離開旅館時，惆悵得一言不發，為自己又損失了一個遺世獨立的老友而感到悲傷。

＊沈從文（一九〇二年至一九八八年），近代著名文學家、小說家、散文家和考古學專家。曾入圍諾貝爾文學獎候選名單，但因其恰好於入圍當年過世，和諾貝爾獎只頒授給在世者的慣例出現衝突，終與諾貝爾文學獎失之交臂。

與錢鐘書齊名的文壇「奇女子」*張愛玲，她在小說中描寫的人物和事件無疑是最世俗的，但她卻是離群索居、在寂寞中生活的女人。除了創作之外，她偶爾會站在陽臺上冷眼旁觀外面熙熙攘攘的世界。一九五二年，張愛玲不顧*夏衍的一再挽留，毅然決定孤身一人離開上海，漂泊到美國，最後客死異國他鄉。現在，當人們想起這個才情無限、離群索居、忍耐一生孤寂的女人時，都會發出一聲惋惜的輕歎。

可能大多數有才華的人對這個世界看得比常人更深刻、透徹，因而常常有「眾人皆醉我獨醒」的寂寞感；也正是因為他們看待事物的深度是常人所無法企及的，很多常人便覺得他們高不可攀，似乎高高在上地俯視這個世界，與他們之間的距離也越拉越遠。

這些人往往也不願意解釋，抱著「高處不勝寒」的寂寞感覺，獨自生活，不理會世人對他們的褒貶毀讚，在離群索居的生活中，忍耐著「獨醒」的寂寞，讓思想的火花迸發得更加活躍。

可以說，寂寞就是他們創作的源泉。如果這些文學大師像普通人一樣，每天糾纏於家常事務和人情世故當中，他們又怎麼有時間進行創作、有時間澈底思考，又怎麼可能在寂寞的黑暗中創造出璀璨的星空呢？

自古以來，寂寞都是一服催化劑，不管是王侯將相、聖賢學者還是高僧道者，他們若想綻放光彩，若想獲得成功、寫出流傳百世的文章、獲得修煉中的神通，就必須經歷一段寂寞的歲月。不管這段時間是長是短，他們只有忍耐住寂寞，在遠離常人的地方接受心靈的洗滌和寂寞的考驗，才能得到寂寞過後的精彩。

普通人之所以無法取得聖人、賢者的成就，就是因為他們無法忍受寂寞，耐不

*張愛玲（一九二〇年至一九九五年），本名張煐，華文現代作家，以《傾城之戀》、《金鎖記》、《十八春》（即後來的《半生緣》）等中、短篇小說震動文壇。一九五二年離開上海，遠赴美國。張愛玲一生見證華人近現代史，漂泊於上海、香港、天津、美國、台灣等地，對台灣戰後文壇的小說影響深遠。

*夏衍（一九〇〇年至一九九五年），中國現代劇作家，當時擔任上海軍管會文管會副主任，賞識張愛玲的文采，對其有提拔之恩。

住寂寞帶來那噬心般的孤獨；他們害怕自己在寂寞中沉淪，不相信自己能忍耐住寂寞，更不相信自己的人生將在寂寞中得到昇華。因此，他們放縱自己，將自己置身於社會的燈紅酒綠、浮華喧囂中，只為了不讓自己體會到寂寞的感覺；他們羨慕那些不凡的人，渴望自己能夠成為那些人中的一員，期盼自己的生命也能噴出燦爛的火花，但實際上，成為他們中的一員並不是一件難以實現的事——你只要能忍耐寂寞。

如同十九世紀，法國現實主義作家*福樓拜曾說的那樣：「所謂天才，不過是那些能夠長久地忍耐寂寞的人。」這就是說，如果人們想成為不凡的人，想使自己有所建樹，想令自己的人生如同燦爛的煙火、璀璨的星空一樣，就必須忍耐住學習中的寂寞、創造中的寂寞、設計中的寂寞。學會在忍耐中拚搏、在痛苦中鍥而不捨地追求，不輕易放棄。

其實，**忍耐寂寞是一種技巧**，**而寂寞則是一種哲學**。能夠忍耐寂寞的人都是擁有大智慧的人，這樣的人才能夠戰勝寂寞，散發出他的光彩。

一個人如果真正領悟到什麼是寂寞，就能夠用自己的力量忍耐住寂寞，便可以找到出路，創造出自己的成就。然後人們就會發現，寂寞並不是難以忍受的，它也不是如同死亡之神那般可怕，因為你往往會因為寂寞的激勵進而獲取自己想要的成就。

不可否認，在人生的旅途上，每個人都要受到命運之神的「眷顧」，但是人們雖不甘心被命運捉弄，卻又無法將命運重新掌握在自己手裡。此時，**我們必須懂得寂寞，學會利用寂寞，忍耐寂寞，而不是被命運掌控，成為它的奴僕，喪失自己對人生的把握**。

*古斯塔夫・福樓拜（Gustave Flaubert，一八二一年至一八八〇年），法國現實主義作家。其作品《包法利夫人》被視為是一部「最完美的小說」。福樓拜對作品追求近乎吹毛求疵的完美，視文字、文學創作為生命，他認為寫文章要盡量做到像科學那樣客觀嚴謹，描寫人物要像定義標本一樣；對他而言，「一句好的散文應該同一句好詩一樣，是不可改動的，是同樣有節奏，同樣響亮的」。

因此，只有懂得享受寂寞、能夠忍耐寂寞的人，才能無視命運的捉弄、道路的曲折，一心按照自己的想法生活，以「世人笑我太瘋癲，我笑世人看不穿」的態度，孤傲地立身於天地之間，成為精神上的巨人，創造出令常人震撼、無法超越的成就。也只有這些人，才能擔得上「學者、大師、聖賢之士」的稱謂，而這些稱謂也只有置於這些耐住寂寞、迸發出人生絢爛光彩的人面前才顯得實至名歸。

因此，儘管寂寞的人常常是「大隱隱於市」，但這絲毫不影響他們綻放的光彩，也絲毫不影響人們對他們忍耐寂寞的意志、高風亮節的人格、獨自堅守原則的敬佩。從這個角度看，能夠忍耐寂寞的人，都是令人肅然起敬的。

忍耐長久的寂寞，令人看清迷霧

當古代的獵人捕捉到一隻鷹時，他們便會將被捕的鷹用鐵鍊拴在架上，或者是將它囚在籠內。最初，當牠失去自由的時候，牠會表現出天空王者的暴烈和野性難馴的氣質，兩隻利爪不停地撓抓，並啄擊腳鏈，即使鷹爪已經鮮血淋漓，鷹啄也因不斷啄擊而結滿黑硬的血痂，牠也依然不停地啄擊。等到牠既不掙脫鐵鍊、也不啄鐵鍊的時候，獵人便開始了「熬鷹」。

熬鷹，就是要將鷹的精神折磨到瀕臨崩潰的邊緣，讓鷹在極度疲憊、大腦一片空白的時候，將出現在眼前的人當作是自己的父母，從此聽令於這個人。而熬鷹這一步驟常常需要耗時七天甚至半個月之久。有人說，這樣就是馴完鷹了吧！其實不然，這只是剛剛將鷹馴服一小半，後面還有馴鷹、用鷹、下軸等步驟。而這些步驟，不僅考驗著馴鷹人的耐力，同時也是對鷹耐力的考驗。

或許有人會問，馴鷹與忍耐寂寞有什麼關係？

的確，從表面上看，二者是風馬牛不相及的事情。但是，如果人們將馴鷹人看作自己，將鷹看作寂寞，而馴鷹的過程就是在考驗人們是否能夠忍耐住長時間的寂寞，就會從馴鷹一事中悟出承受寂寞的道理。

如果人們無法馴服鷹，就可能在馴鷹的過程中被鷹傷害，而如果人們能夠忍耐住馴鷹的艱辛，熬過這段時期的寂寞，那麼得到的將會是一個忠實的、不會背叛自己的夥伴。這與忍耐寂寞不是一樣的嗎？**如果人們能夠忍受住寂寞，那麼就可以在棘手的形勢下得到想要的成果**。

在馴鷹的過程中，馴鷹人最初處於劣勢的狀態，因為儘管鷹已經失去自由，但鷹本身的野性、高傲卻並不是那麼容易被人馴服；此外，牠還會將面前這個人當作敵人，不時地去襲擊。因此，馴鷹人不僅要馴鷹，還要提防鷹的突襲，馴鷹人要時時刻刻盯著鷹的眼睛，用疲勞轟炸將鷹的精神熬到瀕臨崩潰的邊緣。

這是一場關於耐力的持久戰，在這場「熬鷹」的戰爭中，如果馴鷹人不能忍耐住馴鷹中的寂寞與疲憊，這隻鷹便不會被他馴服，也無法成為他的得力助手，這就是馴鷹人在這場熬鷹大戰中失敗的標記。

因此，**熬鷹階段是最重要的**。可以說，只要熬鷹成功，馴鷹就成功了百分之九十；但熬鷹也是最危險的階段，很多優秀的馴鷹人都在熬鷹的過程中遭遇過鷹襲。所以說，熬鷹是一場對人與鷹的耐力考驗，只有耐力較高的一方才能在這場持久戰中勝利。

所以說，只有耐得住寂寞的人才能使自己的處境由劣轉優、由弱轉強，因為人生就是一個不斷與命運比賽耐力的持久戰。命運常常會對一個人開玩笑，將其推入深淵，此時人要馴服命運這隻老鷹，掌握自己的人生方向，避免成為命運的奴僕。

雖然一開始，人們難免在面對命運強大的力量時會感到束手無策，但人卻有一樣秘密武器，它可以讓人韜光養晦、厚積薄發，它就是「忍耐寂寞的能力」。對寂寞的忍耐，就像是馴鷹的第一步——熬鷹，此時，人們在與命運的抗爭中處於劣勢，唯有憑藉著自己不服輸的精神，暗中積蓄自己的能量；在面對命運這隻兇猛的老鷹時，我們應該採取忍耐的態度，讓自己甘願沉淪於寂寞當中修行，只是偶爾時不時地與命運搗一搗亂，抓住任何可趁之機反擊。只有人們能夠忍受住獨自面對命運的寂寞，才能夠安然地度過「熬命運」的階段，最終反弱為強、反擊命運，將命運牢牢地掌握在自己手中。

所以，只有耐得住寂寞的人才能成大事。

二〇一三年三月，一場世界棒球經典賽的前八強台日大戰，再度點燃了台灣人沉寂以久的棒球魂——大賽精采萬分，七局結束時，台灣以二：〇領先日本；八局上，日本追平；八局下，台灣再奪得一分超前；九局上，日本再次以一分追平；最後延長至十局上，日本以關鍵一分僥倖奪得勝利。

整個比賽過程高潮迭起，不但在台灣創下超高收視率，更讓世界再度注意到台灣棒球的實力，而其中最受矚目的，當然就是台灣之光王建民；他在台日戰中六局無失分的表現，就連日本媒體都不得不承認：「日本隊被經典賽的特殊規定所救了。」這是因為基於規定，王建民投完前六局用了七十六球，因此在第七局上不得不更換投手。但由於他在台日戰中優異的表現，以及在全經典賽中十二局零失分的完美防禦率，連身為對手的日本人都拜倒其下，稱譽他為「世界之王」。

但如今風光無限的他，背後又是熬過了多少的寂寞呢？

王建民，一九八〇年台南關廟出生，二〇〇〇年，由於在大揚盃成棒春季聯賽中表現優異，引起各國球探關注，五月與紐約洋基隊簽約前往美國小聯盟開始發展。期間，雖然表現不錯，但偶有受傷，每次的復健過程都是一段小小的寂寞與忍耐的磨練。

二〇〇五年，升上大聯盟後，王建民屢創佳績，二〇〇六年成為當季的「勝投王」並獲選為大聯盟「年度最佳先發投手」；二〇〇七年及二〇〇八年更兩度入選為時代雜誌全球最具影響力百大人物之一，成為當之無愧的「台灣之光」。

當然，在這當中，王建民仍是偶有負傷，復健的片刻，往往就是他在風光中沉澱自己的時候，雖然寂寞、雖然看似在走下坡，但他仍然持續在球場上努力，爭取自己的表現與成就。二〇〇九年，他因為右肩接受開刀手術，當季再度報銷，年底時，洋基隊基於其傷後復健程度考量，選擇將其釋出；其後，王建民於二〇一〇年加入華盛頓國民隊，進行了長達近一年的復健。二〇一一年八月，王建民終於再度拿下睽違兩年多的勝投。

王建民終於從谷底再度爬起，一切似乎又充滿了希望，但就在這個時候，二〇一二年初，他居然被人爆料，在他那一年的復健期間——也就是他兒子出生的那一年——他竟然發生了婚外情！

對於一個正要復出的人來說，這樣的負面消息無異是一個重大的打擊，不論是對他、還是他的球迷而言都是如此。面對外界的龐大壓力，經過一小段時間的思緒整理後，王建民主動招開記者會坦承自己「做了最壞的示範」，他說，在沮喪而漫長的復健時間中，他有如身墜迷霧般迷惘而絕望，因此最後才犯下了這樣的大錯。他說：「在我強烈罪惡感煎熬下，我主動結束關係，……，更不能傷害家人，所以我今天主動站出來面對自己的錯誤。」

忍耐寂寞是痛苦的，但如果不能熬過這個階段，就無法看穿低潮時的迷霧，更容易在當中犯下錯誤——這樣的錯誤，就連「台灣之光」都無法避免。從中，提醒了我們，寂寞的道路雖然看似窒礙難行，但事實上它卻是一條通往成功的大道，一條能避免我們踏上歧途的正道。

經過這次重摔，王建民再度沉澱，從寂寞中默默的品味忍耐的意義，重新體悟自我、追求自己的棒球之道。二〇一三年，當踏上世界經典賽的戰場時，他以十二局零失分的完美表現再次虜獲球迷的心。當記者問他是如何在一次次的低潮中不斷站起時，他說：「就堅持嘛，還有就是會有一種不服輸的個性。」

由此可見，堅持的忍耐是個工具，一個可以幫助自己打開一片新天地的工具；忍耐更像一個不倒翁，讓自己在面對困境的時候，能夠堅持下去不被寂寞擊倒。要懂得忍耐寂寞，鍛煉自己的意志，如此才能看清眼前的困境，冷靜地思考解決困境的方法；如果選擇了逃避，其結果往往就是誤入歧途，成為人生中的失敗者。

忍耐是無聲的堅強，是經歷挫折後的持重

曾有位哲學家說：我們在出生時之所以會哇哇大哭，是因為我們本能地預知到，我們以後的生命必將充滿痛苦，因此本應該因來到這個世界而充滿喜悅的我們卻無法滿心歡喜；而迎接我們到來的成年人之所以會充滿快樂，是因為他們在未來的日子裡又多了一個人分擔痛苦。

當然，這樣的說法是消極、負面的，同時也很不負責任。人生從來都是喜怒哀樂、五味雜陳的，不管是苦與樂、喜與悲，都是一個人內心的感受，當人們面對困境甚至是絕境時，需要親身體驗處於這種環境中的痛苦；當人們遭遇挫折或者遭遇苦難時，需要勇敢地面對這一切。

因此，**在面對痛苦、挫折、苦難、困境與寂寞時，忍耐是一帖良方，是一種無**

聲的堅強；對命運的不屈服，是支撐一個人振作起來，走出寂寞與痛苦的力量。

從前有一個少年，他的命運在常人看起來悲慘至極。十歲那年，他失去疼愛自己的母親，而他的父親常年在外工作，無法照顧少年的生活。因此，少年很快學會了自己洗衣服、做飯，懂得了如何照顧自己。

但是，老天似乎並不眷顧他，在十七歲那年，他的父親又因為車禍不幸去世，從此，少年變成一個孤兒，沒有人可以依靠，只能一個人在寂寞中堅強。

而少年的悲慘也尚未結束。當少年好不容易走出失去父親的悲傷後，他又在一次工程事故當中不幸失去左腿！令人慶幸的是，接二連三的打擊並沒有將少年打垮，反而養成他堅強、剛毅、不服輸的性格；在失去一條腿後，他學會使用拐杖，然後他將自己所有的積蓄投資一家養殖場。

但苦難的日子似乎仍緊隨左右，一場突如其來的大水將他的養殖場衝垮，命運又一次奪走了他的希望。

少年十分悲傷，買了一瓶農藥準備自殺，但這時卻突然看到另一個人也想跳水自殺，於是他毫不猶豫地救了那個男人。少年問他：「你為什麼要自殺，好好活著不是比什麼都好嗎？」那個男人回答說：「我所有的財產都在這次大水中被沖走了，我一無所有，活著還有什麼希望？」

少年看著那個男人，從別人身上反思起自己，他忽然感覺自己其實十分幸運。儘管生活幾經波折，屢受磨難，但自己卻在這些磨難中忍受著生活的寂寞、痛苦，最終學會堅強。養殖場雖然被衝垮了，自己仍然有力量、仍然年輕，只要希望在，就一定可以度過難關。

為此，少年對眼前的男人講述起自己的經歷，並對男人說：「本來在這次洪水中，我認為我失去了最後的希望，想自殺，甚至連農藥都買好了。但看到你之後，我突然感謝生活帶給我的這些寂寞與磨難；如果不是它們讓我成長，讓我學會忍耐磨難帶給我的痛苦，讓我變得堅強，我想我早就自殺了。而如果是那樣，我才真的一無所有！」

因此，當一個人在面對寂寞與痛苦的時候，要學會隱忍，並在忍耐中變得堅強。因為**生活不會始終光明，所以當然也不會永遠黑暗**；當你身處黑暗、絕望、寂寞的時候，要知道人生之窗一定在某個地方等著你，只有忍耐住黑暗、絕望、寂寞帶給你的種種不安後，光明之窗才會開啟，也唯有重新站起，才有機會打開未來的希望。

人生就像一條漫長的大道，有平坦也有崎嶇，有鮮花也會有荊棘。在人生的這條大道上，每個人都不能避免挫折，但這些挫折也不是跨不過去的深溝，只要你能夠學會忍耐，忍耐住磨難的挫折、承受起無人幫助的寂寞，你才可以堅強地闖過這些挫折，從跌倒的地方爬起，繼續向前，重新拾回你在挫折中失去的東西！

每個人都不希望讓自己遇到挫折，但其實挫折是人生中不能避免的。

挫折就像鍛造人們堅強意志的煉火一般——當一個人身處迷茫失落的日子裡；當一個人自暴自棄，認為自己做什麼事情都不會成功的時候；當一個人面對別人恥笑的時候——這些挫折，正是考驗一個人的定力與意志堅強的關鍵，若想要讓自己的意志、定力變得穩健，對挫折的忍耐是必不可少的「藥引」。只有具備了忍耐這一方「藥引」，才能配出堅強這味藥。

所以，遭遇挫折並不是一件壞事——遭遇挫折並不表示你比別人差；創業中遭遇挫折也不代表你無法成功；在人生中遭遇幾次大挫折，也不是命運不公，更不是你的人生已經走到了終點。人們常常說「物極必反」、「否極泰來」，這話不是沒有道理的，**挫折往往是邁向成功的第一步，因此，你只有能夠忍受挫折帶給你的失敗感、自我貶抑以及無法避免的寂寞感後，才能在之後發現自己變得更加堅強**。

經歷過挫折的你，是離成功的皇冠最接近的時刻；度過了磨難，你的人生將會像奔騰的大海一般廣闊。面對挫折的打擊，你或許想哭，但你也要微笑面對人生，只有能夠忍受挫折帶給你的種種不快樂，你才能笑著面對挫折與寂寞。

西諺說：「患難生忍耐，忍耐生老練，老練生盼望。」這就是說，只有當人們處於挫折、困境當中時，人們才會想起忍耐，才能收起自己驕傲的氣焰，保持一個謙卑與清醒的態度；只有人們處在挫折中，才能看到自己走錯的路。在忍耐挫折的過程中，我們才能不斷將自己引回到正確的路上，避免一錯再錯，最終造成無法回頭的結局。

因此，挫折對於一個人來講非但不是一件壞事，而是一件好事，如果你能從挫折中走出去，你收穫的好處將會使你感激這次挫折；但是，並不是所有人都明白這個道理，人們往往看不見「忍耐挫折」的重要性。因此，很多人在遭受挫折後，忍不住寂寞、煎熬，最後失去了其他更寶貴的一切，或是喪失了生命，或是將自己逼成了瘋子，又或者是萎靡不振、行屍走肉般地度過一生。

二〇〇九年一月五日，有人在德國巴登—符騰堡邦東部小鎮上的一個鐵道上發現一具被火車輾得血肉模糊的老年男性屍體，經過法醫檢驗後，警方證實這名死者是居住於該鎮的一位億萬富翁——七十四歲的*阿道夫．默克勒。經初步調查，警方排除

*阿道夫．默克勒（Adolf Merckle，一九三四年至二〇〇九年），曾是德國第五大富豪，掌控德國最大的藥物批發商Phoenix Pharmahandel藥品貿易股份公司。其商業王國從製藥業到水泥生產，覆蓋面廣闊，但最終卻因投資失敗自殺身亡。

他殺的可能性，證實死者是自殺身亡，因為死者在離家臥軌自殺前曾經給自己的家人留下一封遺書。遺書的內容是「為自己選擇死亡的懦弱向家人表示深深的歉意」。

次日，默克勒的家人對媒體表示：「金融危機導致其家族企業陷入經濟困境，而默克勒沒有辦法解決這件事，因此面對金融危機帶來的『災難』和無計可施的挫敗感，這位看慣了人生大起大落的老企業家被打垮了，選擇以自殺的方式結束自己的生命。」

默克勒選擇自殺的舉動令許多人感到意外和惋惜，因為他不僅是一位受人尊敬的企業家，還是一位熱心於環保事業與藝術的慈善家。他的死引起人們廣泛的討論，許多人認為這是因為他過去太成功、一帆風順，即使遇到了挫折，也是一些小挫折；但是這次金融危機卻使他陷入資金匱乏的困境，在尋求銀行貸款後失去自己對企業的掌控權，最後抱著因自己帶給家族企業巨大傷害的失敗與自責感自殺了。他既無法從挫折中走出來，也無法忍耐投資失敗的挫折，更無法忍受無法向他人傾訴背負壓力的痛苦，因此，忍受不了痛苦與寂寞，他選擇一死以求解脫。

可以說，默克勒在面對自己投資失誤造成的巨大損失時，不能保持一個冷靜的頭腦，無法忍耐內心的焦躁不安、愧疚感以及無人可訴的寂寞，才走上自殺這條道路。實際上，默克勒完全有能力可以東山再起，他已經歷數次的金融危機，而這次的失敗，只是因為他失去了過往的耐心。

不得不說這是一件令人十分惋惜的事情，如果他可以忍耐住這次金融危機帶給他的挫敗感，忍耐住這次金融危機帶給他的孤獨感，憑藉著自己的智慧、經驗以及公司以往的人脈，他一定能夠東山再起；只是很可惜，他沒有抵受住這種挫折，選擇了一條讓無數人感到惋惜的道路。

由此可見，忍耐寂寞不是一件容易的事情。即使是經驗老道的成功人士，在面對挫折的時候都可能因為自己忍耐不住挫折中的失敗感、寂寞感而做出輕生的傻事；要知道，在挫折中，忍耐是一帖優良的藥引，只有運用這方「藥引」，人們才能迅速走出挫折，並在挫折之後成就事業。

在忍耐和煎熬中實現願望

第四十七屆電視金鐘獎最佳綜藝節目《超級模王大道》，其功臣之一的主持人正是幾經大起大落的歐弟，歐漢聲。

一九七九年出生於基隆的歐漢聲，在高中時期就已經見識到人生的黑暗面。當時父親經商失敗，家裡沒錢，連讓他坐公車上學的零錢都必須省下來，每天都要走上三個小時上學；中午吃飯的時候，沒飯吃，為了不讓大家的便當惹得自己更餓，午餐時他總是一個人到外面去走走晃晃。

為了貼補家用，他憑著模仿，機緣巧合地成為「四大天王」偶像團體的一員，開始他夢寐以求的星光大道。但命運似乎總不願意放過他，一九九六年出道，事業正要往上攀升之際，一九九八年時卻因為其中兩名團員因故分別退出，造成四大天王解散。之後，他和剩下的另一名團員羅志祥組成了二人團體「羅密歐」繼續在演藝圈奮戰，但原本地偶像明星卻逐漸變成了搞笑諧星。

而在這樣的痛苦中，命運似乎認為他的煎熬還不夠。在他因兵役問題而不得不當兵的狀況下，他突然見著了久未謀面的爸爸；但這次的碰面，沒有久別重逢的喜悅，取而代之的是父親的驚人一跪！看著被人打得鼻青臉腫的爸爸，歐漢聲不得不含淚簽下父親欠下百萬債款的支票。

退伍後，他背負的債務就開始生效，已經一無所有的他不得不忍耐堅持，當他回憶那段時間時，他說：「我的人生就是大起大落，高中的時候跌到谷底，然後有了一線生機，當了藝人，卻在最高峰的時候又回到谷底。反正也不是第一次遇到這種低潮了，所以一直咬著牙堅持。」

為了還清債款，歐弟開始做起綜藝節目主持人身旁的小配角，而也因為如此，他有機會拜胡瓜為師，並認識了吳宗憲，替自己的未來埋下了成功的種子。

二〇〇七年，歐弟的人生有了另一個新的轉折。當年吳宗憲致電邀約他一起進軍中國大陸主持陝西衛視的綜藝節目《周六樂翻天》；其後，由於大陸地區廣大視聽人口的推送，湖南衛視也看上了歐弟在節目上的表現，於是在隔年邀請他參加《天天向上》，與內地著名主持人汪涵搭檔配合，讓他的人生從黑轉紅，成為赴中國大陸發展最成功的台灣主持人。而也在這一年，他終於還清了債款，更多次得到中國地區各獎項評選的肯定，人生看來終於可以一帆風順了。

只是，人生絕對不會只有光明，黑暗總是如影隨形的伴著光明。二〇一一年，中國當局頒佈「限娛令」，限制台灣藝人在大陸地區的發展。一開始，是在節目裡把歐漢聲的臉打上馬賽克，後來更是直接在節目中消失。不得已，歐弟只好回到台灣發展，但也正因為如此，讓他的節目終於在二〇一二年獲得金鐘獎的肯定，再度開啟了自己人生的春天。

歐漢聲的故事讓人動容，幾經人生的起起落落，反而讓他在不斷的忍耐與煎熬終看透世情，學會用堅強與努力的草根精神面對人生的風風雨雨；他在失敗中積蓄力量，懷抱著希望，永遠等待下一個可能的機會，於是終能迎來人生中一次又一次的高峰。

就像《莊子．逍遙遊》中所描繪的鯤一樣：「北冥有魚，其名為鯤。鯤之大，不知其幾千里也。化而為鳥，其名為鵬。鵬之背，不知其幾千里也。怒而飛，其翼若垂天之雲。是鳥也，海運則將徙於南冥。南冥者，天池也。」在變成鵬之前，鯤要經過幾千年的修煉。在此期間，牠不但要忍耐寂寞，還要忍耐住急於幻化成鵬的心理煎熬，於是，鯤在孤寂歲月中獨自忍耐，直到自己萬事俱備的時候再一躍而化為鵬，乘風而行。

鯤知道，自己必須忍受住風的誘惑，必須學會最大限度地利用風。於是，鯤並沒有急於嘗試飛行，而是經歷漫長的等待，忍耐住急切的心理誘惑，忍耐住嚮往乘風而飛的煎熬；經過許多次的測試後，鯤才終於找到了它理想中的大風，將自己巨大的雙鰭展開，化做寬大的翅膀，化身為鵬，遨遊在天地之間。

可以說，正是因為鯤能夠忍受千百年的寂寞，忍受一次次對成功的渴望與對失敗的失落，在等待成熟時機的煎熬中抓住了最佳時機，實現了它的理想。

通常，有理想、有願望、有目標的人，往往需要經過一段時間的忍耐與煎熬，才能實現自己的理想、願望與目標；而忍耐煎熬正是通向成功的必經之路，只有經歷過煎熬，忍耐住煎熬的人，才能樹立下一個理想，擁有實現它的信心。

但是，**如果沒有忍耐住煎熬，輕易放棄自己的理想，這樣他的理想也永遠無法實現**。

忍耐並不是窩囊，窩囊是一個人人格上的怯懦和膽怯，但忍耐卻是為了實現自己的理想、完成自己願望的努力；就像歐弟在人生每一次的跌跤中，他的退而求其次都是為另一次的奮起積蓄能量，永遠為了找到另一個可能而不斷努力。

所以透過忍耐，也可以避免人們錯誤的報復心裡。報復雖然可以讓人享受一時的痛快，但是，往往會因為你貪圖一時的痛快而破壞了自己長遠的理想。歷史上很多的能人都是能夠忍耐寂寞，忍耐非人的煎熬，例如韓信的胯下之辱、越王勾踐的臥薪嚐膽，可以說，這樣的忍耐正值得現代人好好學習。當今社會，浮躁已經形成風氣，很多人在與人發生糾紛的時候，會忍不住破口大罵，甚至大打出手，很少有人會選擇忍耐。

當你處於弱勢的時候，會感覺自己像是困獸一般，總想突圍；但是這樣的突圍，常常既沒有方向，也不會產生有利效果。如果你學會忍耐，往往會「因禍得福」，因為**你的忍耐最終總會成為你變強、成功、實現理想的動力**。

因此，當你備受煎熬、遇到困境的時候，想一想你的目標、願望，為了完成你的目標，一切都可以忍耐，即使是讓你倍感屈辱、倍感煎熬也可以忍耐下來。如果無法忍耐，就想一想唐代時，寒山與拾得那段著名的禪機問答吧。

寒山問拾得：「世間謗我、欺我、辱我、笑我、輕我、賤我、惡我、騙我、如何處治乎？」拾得笑曰：「只是忍他、讓他、由他、避他、耐他、敬他、不要理他、再待幾年你且看他。」

因此，雖然人生中會遇到很多問題，如果你學會忍耐，能夠控制住自己的情緒，必然能將自己的理想實現，成就一番大事業。經過忍耐煎熬的人，一旦成功必然會大放光彩。

化為琉璃需要忍耐艱苦

琉璃的燒製是一門古老的工藝，而琉璃不僅象徵著一種藝術和裝飾品，還象徵著哲學與宗教。在佛教中，琉璃的地位非常重要，《藥師琉璃光如來本願功德經》中寫道：「願我來世，得菩提時，身如琉璃，內外明澈，淨無瑕穢。」在這裡，琉璃於菩提，可以說，琉璃不僅是一種人格、一種精神，而且是一種境界。

而一個淨無瑕穢、內外清澈的琉璃，必須經過複雜的純手工工藝才能製作出來，古法琉璃的工藝製作，可以簡單地總結為「**火裡來，水裡去**」；這六個字看起來簡單，但其中蘊含的工藝過程卻十分複雜，即使到了工業發達的今天，若想製作普通的古法琉璃，也需要經過數十道純手工工藝才能完成。

首先是開模的製作。只有完成複雜的開模工藝，琉璃才能經歷「火裡來」的製作過程，這一步與鈞窯的燒製一樣，要在烈火的燃燒中使琉璃發生一系列物理與化學變化，這也是琉璃產生奇幻效果的關鍵。在溫度高達八百至一千四百度的窯內，無法進行人工作業，因此，在琉璃進爐前，原料的比例、顆粒的大小分佈以及窯內的氣流和位置等都需要鍛造師仔細推演，方能避免哪怕一塊琉璃的鍛造失敗。

經過高溫鍛造後，在燒結的過程中，精確降溫對琉璃成功也有非常重要的影響，為了避免琉璃因為壓力釋放不均勻產生龜裂，需要鍛造師提前設定好降溫曲線。

古法琉璃因為其作品設計的不同，需要出爐的時間也不相同，有的需要三天，還有的需要經過幾十天的等待才能出爐。然而，即使鍛造師小心翼翼地對待琉璃，但它的成品率也只有百分之六十左右，有藝術價值的更是少之又少；更殘酷的是，古法琉璃的模具全部都是一次性的，只要古法琉璃出窯，模具就不能再使用。如果琉璃在出窯前就失敗，那麼更是前功盡棄。而古法琉璃所使用的材料——昂貴的水晶，也是一次性的消耗品——但也就是如此，才造就了古法琉璃的獨一無二。

琉璃出爐後，只是半成品，還要經過「水裡去」的歷程才是真正的琉璃，**只有**

經過「水深火熱」的煎熬，琉璃才具有獨特的魅力。

「水裡去」的過程與許多珠寶的冷加工工藝十分相似，唯一不同的是，在「水裡去」的過程中對琉璃的雕琢過程更加繁瑣，對精確度的要求更高。很多人都認為「水火不相容」，但古法琉璃卻將「水火」容到一起，成就了自己獨特的光彩，成就了自己的意義。

琉璃就是人的象徵，只有經歷了「火與水」的艱苦煅燒後，人才能摒除生命中的雜質和思想中的汙穢，成為晶瑩透徹的琉璃，進入菩提境界。琉璃如同歷史一樣，每一段歷史都太粗糙、太混雜，只有忍受住煅燒與剔除雜質的過程，才能顯出歷史的真面目。同樣，當一個人經歷了水與火的鍛造，他的生命才會變成琉璃。

在物欲橫流的今天，很多人都在為名、利、權、情互相爭鬥、互相利用、相互追逐，唯恐失去現在擁有的，更想掠取本不屬於自己的。不過，也有那麼一群人，他們保持著自己的一顆琉璃心，踐行著真誠、寬容、大度、善良的生存原則；儘管他們生活艱苦，也因處於權力鬥爭中而小心謹慎地行事，但他們卻從名、利、權、情中解脫出來，不被那些浮華和虛榮所困惑，堅守著自己高潔的人格，過著清貧艱苦的生活。

很多人都認為堅守高潔人格的人很傻，但這些人卻一如既往地做著他們想做的事情。儘管他們面對著握有大權的人，他們卻依然堅守自己的原則；即使他們過著水深火熱、如履薄冰的生活也絕對不做有損人格的事；儘管他們的生活條件已經十分艱苦，但他依然願意用自己有限的力量幫助一些無辜的、需要人照顧的孩子，使這些孩子擁有接受教育的機會。因此，雖然他們的生活很艱苦，但他們的內心卻十分豐富。這是常人無法達到的境界。

他們的生活可能很貧困，但他們卻在心靈的沃土上默默耕耘。他們忍耐著生活與工作上的艱苦，鍛造著精神與心靈上的高潔，他們寧願忍耐寂寞、忍耐孤獨、忍耐清貧，也不會產生一絲頹敗的淒涼感覺；在他們身上，你只能看到清如琉璃的淡定與自信，這種由內而外自然散發出來的高潔，讓每一個待在他們身邊的人都被吸引，不自覺地向他們靠近，從而形成了一道以他們為中心、呈網狀擴散的美好。

實際上，**他們在用生活上的艱苦，考驗心靈上的高潔；在浮躁的社會，只有去除人生中的虛華，才能顯露出內心的真實**。

這些如同琉璃般清澈、高潔的人對自己嚴格要求，對別人卻寬容大度。他們遇事先糾正自己的過錯，不計較個人得失，既不怨恨、也不嫉妒，他們就像得道高僧一般，不以物喜、不以己悲，在他們眼中，每個人的生命價值都是一樣的，沒有高低貴賤之分。面對權勢，他們不阿諛奉承；面對窮人，他們不會認為自己高高在上；面對落魄者，他們更不會冷眼鄙夷。他們會平等地接納每一個人，他們認為每一個人的生命都十分寶貴，就像琉璃一樣，沒有貴賤之分，他們持著一顆平等的心，並用這顆心感化世人。

琉璃已經傳承千年之久，這些心如琉璃的人也承載著中華數千年的文化精髓。**他們敢於面對現實的艱苦，在心靈的苦修中洗刷了心靈的塵埃；他們遵守著這個社會的遊戲規則，同時又遊離在這個遊戲規則之外，不被其約束**。他們用自己的力量，幫助他們所能幫助的人，儘管這會使他們的生活更加窘迫、艱苦，但卻使他

們的生活更加充實；因此，儘管他們中間有些人生活在高位，並且領悟了生命的意義、站到了人生的高處，但他們卻不漠視世間的一切，反而對每個生命都能給予善意的幫助。

這些具有琉璃心的人，就像靜靜的溪流一樣，只想滋潤岸邊的花草樹木，而不管自己的身軀已經那麼弱小，甚至自身的水源已經無法支持自己的流動；它們只想帶走世間的一切汙穢，只想讓自己流經的那乾裂的土地能夠重新被滋潤，讓乾枯的樹木能夠抽出新的枝芽。無論是嚴寒還是酷暑，都擋不住它們前進的步伐，直到自己耗盡身體內最後一滴水，它們才認為自己完成了使命。

擁有琉璃心的人已經過得很艱苦、很寂寞，並且承受了太多的淒涼，但他們卻依然將自己的力量貢獻給別人。因此，常人雖然會覺得這些人傻，但他們值得人們學習；當然，也有很多人都希望自己可以成為那些擁有琉璃心的人，但他們卻不敢嘗試其中的艱苦。擁有一顆琉璃心就必須忍耐艱苦，只要人們能夠忍耐艱苦，就會發現，這其實並不是一件困難的事情，想反的，你將能得到更多你所無法想見的收穫。

忍耐造就有意義的人生

每個人都會經歷變故，當遇到變故的時候，有些人能夠承受，而有些人則被打入地獄；但是，如果一個人具有頑強的意志，他依然可以找到上帝留下的那扇窗，走出自己的人生。*史蒂芬．威廉．霍金就是那位經歷了巨大的變故，但憑藉著自己的意志走出了困境，並且對人類未來發展做出巨大貢獻的人。

史蒂芬．威廉．霍金是英國劍橋大學應用數學及理論物理學教授。他曾與*潘洛斯一起證明了著名的「*奇點定理」，並因此在一九八八年獲得沃爾夫物理學獎，這個獎項在物理學界如同諾貝爾獎一樣重要，他也因此被譽為「繼愛因斯坦之後最傑出的理論物理學家」。除此之外，他還證明了黑洞的面積定律，並出版《時間簡史》等暢銷物理學理論書籍。

史蒂芬·威廉·霍金出生於一九四二年一月八日，這一天正是現代科學奠基人伽利略逝世三百周年。童年時代的霍金一直很笨拙，他的左腳甚至會絆倒自己的右腳而害自己摔倒，這樣的情況在他就讀牛津大學的第三年更加嚴重了；霍金注意到，自己有一次在沒有任何徵兆的情況下就跌倒了，還有一次更加嚴重，他不知為什麼突然從樓梯上摔了下去，當場昏迷。

---

*史蒂芬·威廉·霍金（Stephen William Hawking，一九四二年出生），英國著名物理學家。主要研究的領域是宇宙論和黑洞，對於統一物理學兩大基礎理論——廣義相對論和量子力學——卓有貢獻，為物理學界追求「大一統理論」的偉大目標跨出重要的一步。

*羅傑·潘洛斯爵士（Sir Roger Penrose，一九三一年出生），英國數學物理學家與牛津大學數學系W.W.Rouse Ball名譽教授，在數學物理，特別是對廣義相對論與宇宙學方面卓有貢獻。

*物理上把一個存在又不存在的點稱為「奇點」。奇點定理，簡單來說是指出時間及宇宙是有起點和終點，推翻古典物理學中時空是永恆存在的學說，肯定了當時代其他人所開創的「宇宙大爆炸理論」。

但是，這些情況並沒有引起霍金及其家人的重視。直到一九六二年，霍金的母親才注意到他的異常，於是，剛剛過完二十一歲生日的霍金，便在醫院度過兩個星期的時間接受詳細檢查，最後，他被確診患了「肌萎縮性脊髓側索硬化症」，也就是人們常說的漸凍人症，是一種漸進和致命的運動神經退行性疾病。

當時的醫院無法治癒這種病症。醫生對霍金說，他的身體以後會越來越不聽使喚，只有內臟和大腦還能運轉；但到最後，內臟也會失效，而內臟失效的時間大約是在兩年後。

也就是說，霍金被「宣判」只有兩年的生命！這對霍金來講是一個巨大的打擊，從此，他認為自己不能完成碩士論文，因為他不可能活到那一天。他幾乎放棄了所有的學習和研究，變得消沉。

幸好，上帝在為他關上一扇門的時候，也為他打開了另一扇窗戶。此時，他的第一任妻子珍．王爾德走進了他的生命，她用自己的溫柔鼓勵霍金，支持霍金走出死亡的陰影，重新開始學習，走出頹廢的生活。

霍金憑藉著自己的意志，度過了醫生宣判的兩年死亡時間，當距離醫生宣判的日期已經過去四十多個年頭的時候，霍金依然頑強地活著，他還在不知疲倦地對物理的宇宙進行研究。

霍金在走出頹廢後，雖然身體狀況並沒有好轉，反而日益嚴重，但他卻盡力像普通人一樣生活。從一九七〇年開始，霍金的病情日益嚴重，最後已經無法自己行走，必須開始使用輪椅；直到今天，輪椅依然伴隨著霍金的生活與研究，但是，霍金卻並不願意被別人推著行走，相比之下，他更願意自己驅動輪椅去做力所能及的事情。

因為霍金這樣的堅持，其實他也遭遇過不少小事故，但直到今天，他仍然用自己唯一可以活動的手指驅動輪椅「橫衝直撞」地前往辦公室。一次，他與英國查爾斯王子會晤時，霍金玩心大起，他炫耀自己可以控制輪椅旋轉，結果輪椅軋到查爾斯王子的腳趾，霍金因此被查爾斯王子「臭罵」了一通。

雖然霍金的身體狀況如此糟糕，但他對黑洞的研究卻一直沒有停止過。對此，他還根據自己的研究寫出一部名為《時間簡史》的天文科普經典著作，這本書是對探索實踐人類與宇宙關係的高深科普範本，它不僅對當代關於宇宙科學思想的進步發揮重要的影響力，而且更有益於人們對宇宙的清晰認識，在世界引起巨大迴響。

上帝在為霍金關上一扇門的時候，卻在他的身後為他打開了另一扇窗。而其中的關鍵，是霍金必須有頑強的意志去找到這扇隱形的窗戶。幸運的霍金在經過短暫的消沉後，重新振作起來，不僅打敗死神、掌握命運，還為人類的未來指引出一條道路。

人的成功，很多時候來自於忍耐。生命如潮水，潮起潮落，漲潮時，我們要戒驕戒躁；退潮時，我們更要充滿自信，堅定信念。一個成功的人，路走得堅定，始終如一，而其中最重要的，是我們要清楚自己想要的究竟是什麼？我們為什麼要忍耐？

答案是清楚的：我們忍耐是為了等待一個機會，是為了在忍耐中積蓄力量，最終鯉躍龍門，迎向人生最終的成功。

篇三

寂寞是一首流芳百世的旋律

面對孤獨，很多人會選擇逃避或者乾脆在孤獨中沉淪。事實上，孤獨是人生對你的一種考驗，成功者都經歷過孤獨，忍耐過寂寞，最後在孤獨寂寞中破蛹成蝶，取得人生的成功。

屈原想要實現報國理想，卻遭到排擠和迫害，他的內心是孤獨的，在孤獨和悲憤中，屈原只得把他的理想和抱負、心中的孤寂和痛苦寄予到詩歌創作中，最終成為歷史上最偉大的浪漫主義詩人；司馬遷在獄中遭受到萬般凌辱，但他仍然堅持下去，忍辱負重，最終成就了《史記》；梵谷在孤寂和困苦中度過自己的一生，孤獨沒有讓他失去希望，反而激發了他無限的創作熱情，讓自己能夠遠離世俗獨自思考，在寧靜中剖析自己的靈魂和思想，在繪畫中更純粹地表達自己的感情……

很多名人和成功者之所以孤獨，是因為他們不願意隨波逐流、不願意趨炎附勢、不願意卑躬屈膝去刻意討好，他們都是執著於夢想、執著於心靈的人，甘願忍受世人的不理解，甘願忍受孤獨寂寞。他們在孤獨和寂寞中磨煉自己，因此更加奮進，從而在孤獨中成就偉大的人生。

寂寞會讓人遠離塵囂，靜下心來，專注於自己的心靈，讓你更深入地去思考人生；寂寞還可以提高人的注意力，讓人們更有創造力，使人們能更加專注於自己的工作而心無旁騖。所以說，寂寞不是人生的羈絆，反而是對人生的一種考驗。如果你能經受住考驗，你就會在寂寞中昇華，在寂寞中成就自己的事業和人生。

姜子牙：用寂寞釣知己

姜尚（約西元前一〇八八年至前一〇一六年），即一般人所知的姜子牙，又被人稱為姜太公，是商周時期著名的謀略家、軍事家和政治家，曾輔佐周文王、周武王討伐殷商紂王，為推翻殷紂王的暴虐統治和建立周朝立下汗馬功勞。在周朝建立後，姜子牙分封於齊，是齊國的開國之主。

姜子牙是軍事韜略的鼻祖，創作了《六韜》，後來孫武在編寫《孫子兵法》時，也從姜子牙的《六韜》之中借鑒了不少軍事思想。

由於姜子牙在軍事和政治上的傑出成就和高尚人格，他被儒家、道家、法家、兵家等追為本家，遂又被尊稱為「百家宗師」，後來，民間在姜子牙的故事又增加一些神話傳說，姜子牙逐漸被神化；明朝之後，透過許仲琳創作的《封神演義》，姜子牙澈底被神化，成為民間廣為信奉的對象。

姜子牙可謂是歷史上大器晚成的典型例子，高齡時才遇到伯樂，成就大業；而在那之前，姜子牙一直處於不得志的孤單寂寞中。

姜子牙出生時，家境已經敗落，為了謀生，姜子牙曾經做過殺豬宰牛的屠夫，也在街上賣過肉；為解決溫飽，他還曾經開過酒館賣過酒。但是，不管姜子牙為了謀生做屠夫也罷，做生意也好，在閒暇時他仍然刻苦地學習有關天文地理、治國安邦、軍事謀略的知識。

人窮志不短，他希望自己有一天能夠施展才華、為國效力，所以也曾經為了尋求施展抱負的機遇而走遍各地，多次到朝歌、牧野、岐陽等地，一方面瞭解各地民情，另一方面是為了訪問各地諸侯，以求能夠找到一展才華的機會。姜子牙雖然滿腹經綸，但由於當時商朝紂王的殘暴無道、朝政的腐敗、社會的黑暗，讓他根本無處大展手腳，一直處於孤獨和困苦之中。但他並沒有因此抱怨，他認為生活的困苦和孤獨是對自己的一種磨煉。

在姜子牙年過六十、滿頭白髮之際，他仍然沒有失去信心，依然在尋找一展抱負的可能。當時，由於周推行仁政和裕民政策，不斷發展的經濟使得周社會清明、人民安康，國勢逐漸強盛起來，天下的老百姓都嚮往成為周的子民。而姜子牙更聽聞周的西伯侯姬昌為了治國興邦，正在廣納賢能，於是便離開商朝來到周，為覓得伯樂做下準備。

來到周的姜子牙，每天都在溪邊垂釣。但他的釣魚方法十分奇特，他的魚鉤不但是直的，而且上面也不掛魚餌，還高高地舉起魚竿，讓魚鉤離水面有三尺之高，嘴裡還自言自語地說：「魚兒魚兒，誰願意讓我抓的話，就自己上鉤吧！」

一天，一個樵夫路過溪邊，看到姜子牙用一個不掛魚餌的直鉤在溪邊釣魚，便嘲笑了姜子牙一番，並且告訴他說：「老先生，你應該把魚鉤做成鉤樣，然後放上誘餌，繫上浮標；當魚上鉤後，浮標會動，你就知道魚來了，然後往上一提，就能釣上魚來啦。照你現在這種釣法，就是釣一百年也釣不上一條魚來！」

姜子牙回答說：「老夫在此，名為釣魚，其實我意並不在魚，而是為了釣王與諸侯。」

很快，這件事情就傳到周文王姬昌那裡。姬昌覺得這是一個奇人，於是便派一名士兵去請他，但姜太公並不理睬，仍然是自顧釣魚，嘴裡說道：「魚兒魚兒不上鉤，蝦兒反而來胡鬧！」回去後，士兵如實稟報了姬昌。

於是姬昌改派一名官員去請姜太公，但姜太公依然不理，口中道：「大魚大魚不上鉤，小魚小魚別胡鬧！」這次，姬昌才意識到這個釣者必是位賢能之士，需要自己親自去請才行。

為了表示對姜子牙的重視和尊重，周文王姬昌吃了三天素後，沐浴更衣，然後帶上厚禮，前往溪邊去請姜子牙。見面之後，姬昌發現姜子牙博學多才，博古通今，透悉時勢，於是便向他請教如何將國家治理得更好。姜子牙說：「必須重視和任用賢能之人，才能治理好國家。」姬昌聽後，非常高興說：「您就是我要找的賢人！」

姜太公看到姬昌是真心誠意來聘請自己，於是就答應為他效力，輔佐姬昌、興邦建國。後來，他助姬昌的兒子周武王姬發滅掉商朝，被周武王封地於齊，做了齊王，實現自己建功立業的抱負。

姜子牙大半輩子都是在孤獨貧困中度過的，他有才能和抱負卻得不到實現，甚至連老婆都嫌他不能掙錢養家而把他逐出家門，可謂狼狽至極。正如孟子所說：「天將降大任於斯人也，必先苦其心志，勞其筋骨，餓其體膚，空乏其身，行拂亂其所為，所以動心忍性，曾益其所不能。」坎坷多磨的命運讓姜子牙體會到人間的辛酸冷暖，在孤獨和寂寞中鍛煉了意志和決心，為以後的建功立業打下基礎。

姜子牙最大的人格魅力不僅是因為他的才智和賢能，還在於他的精神。姜子牙從來沒有因為孤獨和困苦而失去勇氣和信心、放棄志向和抱負，而是堅持不懈地繼續奮鬥，即使到老年也依然不放棄。他這種不屈服、不退卻、不服老、對理想自始至終追求的精神是多麼可貴。

在現實生活中，**很多人都有自己的理想和追求，但他們卻失敗了；失敗的原因**

並不是敗在能力上，而是敗在心靈的脆弱上。他們經受不住挫折和失敗，經受不住失敗之後的痛苦，不能忍受人生低潮時的孤獨和寂寞；他們只看到那些成功者的光環和榮譽，卻看不到這些成功者在背後的辛苦付出。

要知道，凡事有得就有失，成功的人往往都是在孤單寂寞中緩步成長的，只有能夠承受孤獨寂寞的人，才能在事業上取得一定的成功。試想，在古時生活條件比如今惡劣的環境下，古人尤能把孤獨和寂寞當成是對自己的磨煉，甚至坦然面對衣不覆體、食不果腹的劣境，相比之下，現在的人們要幸福多了。所以，請不要逃避孤獨和困苦，在磨煉之下，你會變得更加成熟堅強，會讓你比一般人有著更頑強的生命力。

在激烈的社會競爭中，缺乏成功的膽識、無法忍受成功前那片刻孤寂的人們，在奮鬥的道路上，很容易一遇風吹草動就驚慌失措，很少能做到波瀾不驚；**而成功往往屬於那些能夠忍受住孤獨和寂寞的人，他們能長時間地忍受孤獨和寂寞，於是才有機會等到時機的到來**。

我們與其抱怨生活不給我們機會，不如在孤獨中好好反省自己、提昇自己、磨煉自己；如果你能學會在人生低潮的時候，經受住孤獨和寂寞的考驗，你就會發現自己離成功越來越近。

莊子：獨釣寒江雪的人生意境

莊子（約西元前三六九年至前二八六年），在諸子百家中是一位獨特的隱士，他有著屬於自己獨特的人生觀，寧願孤獨地隱居在鄉野之間，也不願接受楚王重金聘為宰相。

正是因為在那樣一個百家爭鳴、混亂動盪的年代裡，莊子看清了社會的真實；當時的英才俊傑們為能施展自己的才華，為獲得功名利祿，紛紛為諸侯國君效力，他們甚至為了能讓自己脫穎而出而互相詆毀傾軋。各國諸侯也為了自己的國土疆域征戰不休。

憤世嫉俗的莊子，對世態充滿了悲憤和失望，他認為正是欲望讓人們成為不可理喻的魔鬼，所以在亂世中，在那個崇拜權勢的年代，他看清世道和人生，選擇了隱退、選擇了孤獨。

莊子認為，**人生最大的幸福莫過於逍遙自在於世上，他主張凡事順其自然，隨遇而安。只有人的欲望減少了，人才能自由，才能達到逍遙的境界**。

莊子是一個愛恨分明的人，他認為在這世上束縛自由的東西太多，或權力、或金錢、或名聲，因而強調人要率性而為，不要被外物迷失了心性，否則會得不償失。

莊子不僅僅是腦中這麼想，在實際生活中也是這麼做。

一次，莊子在水邊垂釣，這時楚威王派來兩個士大夫，想聘請莊子出山為楚王效力。其中一位士大夫說：「我們楚王早就聽聞先生的大名，知道先生才智過人，所以希望先生能夠隨我們出山，為楚王效力，為君王分憂，為黎民謀福。」

莊子聽後，依然淡然地垂竿釣魚，絲毫不為所動，並說道：「我聽說在楚國有一隻三千歲的神龜，後來被楚王知道了，就將這個神龜殺死，用華美的箱子將它珍藏起來，並鋪以錦緞，將它供奉在廟堂之上。請問二位，你們說這隻神龜是願意死後被他人供奉呢？還是願意在爛泥中逍遙自在地生活？」

兩位士大夫齊聲回答道：「當然是願意在爛泥中逍遙自在地生活了。」

莊子說：「既然如此，二位還是請回吧，我也跟那神龜一樣寧願在爛泥中逍遙自在地生活。」

莊子所追求的，正是一種精神上的自由，一種清靜無為的逍遙境界，他寧願孤獨寂寞於鄉間村野，也不願意與世人同流合污。退隱，讓莊子能夠獨立於亂世，每天與山間溪水相伴，與日月同行，怡然自得；在天地萬物中，他頓悟出人生的大智慧，成為先秦時期著名的思想家、文學家和哲學家。

莊子這種超然物外，「得而不喜，失而不憂」、「乘物以遊心」的思想非常值得我們學習。隨著物質生活的發展，人們發現自己越來越不快樂，金錢和權力成為眾人追逐的標的，整個社會充滿了躁動和不安；在欲望中，人們迷失了自我，成為欲望的奴隸，有的人雖然位高權重，但卻時刻擔心失去這一切，終日不得安心；有的人為了追求權力而勾心鬥角；有的人為了財富而奔波勞碌；還有的人為了追求名利而辛辛苦苦；甚至有些人則沉溺於酒色之中不能自拔——**人們就是過於看重這些外在的物欲而被外物所奴役，從而失去了自我**。

那麼，莊子又是怎樣看待這些外在的一切呢？

莊子有位朋友名叫惠施，他在梁國做了宰相。一天，莊子想到已經多年未見老友，想去見見惠施；於是就有閒人向惠施造謠道：「莊子來看你，不是想見你，卻是想取代你而任宰相。」惠施聽後非常驚惶，生怕莊子真的取代了自己的位置，於是就派人在梁國的國都搜索了莊子三天三夜。

沒想到，莊子卻直接前往宰相府拜見惠施。莊子說：「你知道嗎？南方有一隻鳥，叫鵷雛，牠張開翅膀可以從南海一路飛到北海；鵷雛不是梧桐不棲，不是練實不吃，不是醴泉不喝。

「一天，有隻貓頭鷹正津津有味地吃著一隻腐爛的老鼠，這時，鵷雛從貓頭鷹的頭頂飛過，於是貓頭鷹急忙護住自己的食物，並對著鵷雛發出怒鳴。」

莊子接著對惠施說：「那麼，現在你也想用梁國宰相身份來嚇我嗎？」

從這個故事中，我們可以想見莊子對名利的淡薄以對。莊子認為，太注重名利的人都會被名利所奴役，將會失去自我；人生應該追求的是心靈的自由，為了權力和欲望而失去自我，是不值得的。**人活在世上，最重要的是能瞭解自我，拋棄外物，回歸本心**，只有這樣，才能在物欲橫流的社會中，讓自己不再迷失，尋找到真正的人生。

屈原：眾人皆醉我獨醒

屈原（西元前三四〇年至前二七八年），作為歷史上偉大的思想家、文學家，和愛國浪漫詩人，他是成功的。他的《離騷》、《九歌》都成為古代詩歌的經典佳作，被後人廣為傳頌；但他的人生卻是痛苦的，由於楚王的昏庸和貴族階層的腐朽，政治黑暗，他始終沒能實現自己的政治理想——除弊立新，讓楚國強盛——在那樣的亂世中，他遭人讒言與排擠，被流放在外，鬱鬱終生而不得志。在孤獨和悲哀中，屈原只得把他的理想和抱負、心中的孤寂和痛苦，寄予到詩歌創作中，這使他的作品閃耀出最熾熱的光芒。

屈原出身於楚國的王公貴族，憑藉出色的才能，受到楚懷王的信任，曾被任命為三閭大夫，負責楚國的祭祀和貴族子弟的教育；更被任命為左徒，負責楚國的一切政策。他對內主張改革政治、除弊興利、修明法度、舉賢任能，要求限制舊貴族的利益，解決百姓的疾苦，讓楚國的百姓安居樂業，使楚國強盛；對外則主張和齊國聯合起來共同抗秦。

屈原的政治理想是能夠實現「美政」，即明君賢臣的政治。在他的努力下，楚國國力確實有所提昇和鞏固，但由於屈原的新政策損害了楚國舊貴族的利益，屈原遭到以*子蘭為首的楚國舊貴族誹謗和誣陷，最終被楚懷王疏遠。

後來，楚懷王由於沒有聽從屈原的勸告，聽信於秦，致使楚國被秦國占去大量的土地，為此後悔不已；於是，又重新起用屈原，讓他出使齊國，讓楚國和齊國重修舊好，聯盟抗秦。

但是，在屈原出使齊國後，楚懷王再一次聽信鄭袖、靳尚之流的花言巧語，不但放走了當時被困於楚國的秦相張儀，甚而與秦國聯姻，使楚國失信於齊。屈原回國後雖竭力反對，但勸說沒有成功，反而還被驅逐出楚國的都城，開始他孤獨悲涼的流放生涯。

在流放的途中，屈原仍然憂國憂民，期盼楚懷王能夠醒悟過來，不再受奸臣的蒙蔽，盼望著楚懷王能夠再次召見他，讓他重新為國效力。為此，他常常夜不能寐，在不被人理解的孤寂中，寫下《離騷》；他用豐富的想像和誇張的浪漫主義表現手法，從自己的身世、政治理想開始寫起，抒發自己被讒言陷害，在實現政治理想遭受挫折，從而讓自己陷入絕望孤獨中的苦悶心情。在詩中，屈原斥責了楚王的昏庸，抨擊了現實的黑暗，表達了自己至死不渝的愛國熱情。

楚懷王三十年（西元前二九九年），屈原回到楚國的都城。此時楚國面臨秦國的猛攻，失去了八座城池，而秦昭王更假意邀請楚懷王在武關一會。這一次，楚懷王仍舊沒有聽從屈原的勸告，而是聽信子蘭之言，出使秦國；結果，楚懷王就此被秦國扣留，三年後客死他鄉。

*公子子蘭為楚懷王與寵妃鄭袖之子。

之後，楚人迎接質於齊國的太子橫立歸來，是為楚襄王，公子子蘭為*令尹。但新的楚王並沒有吸取以前的經驗和教訓，為了暫時的安寧，他竟然與秦國聯姻；屈原為此強烈反對，指責他們忘了懷王之辱，並指出懷王之死，子蘭有很大的責任。於是在子蘭的鼓動下，屈原再一次遭受到詆毀和造謠，再次被流放。

楚襄王二十一年（西元前二七八年），秦軍再次攻打楚國，一舉攻破楚國的首都郢都，王公貴族紛紛倉皇逃難。面對國破家亡，本想出走他國的屈原，由於捨不得離開家鄉、離開故土，最終在悲憤交加中投身於汨羅江，結束了自己的生命。

屈原作為一個堅守者和探求者，他的政治理想和抱負得不到他人的認同和理解，因此是孤獨的。屈原的孤獨在於他不與當時的黑暗勢力同流合污、在於他堅守自己的道德底線、在於他高尚的思想和愛國情操；這既是他孤獨的原因，也是他受到後人尊敬和敬仰的原因。

正是由於**眾人皆醉我獨醒**、**不願隨波逐流的精神境界**，讓屈原受到了奸臣的陷害，再加上楚王的親小人而遠賢能，成為屈原不得志的重要原因。但同時，在面對現實的無奈和自己的理想得不到實現的孤獨寂寞中，屈原創作了如《離騷》、《九歌》、《天問》等一系列佳作，一方面，他所創造的楚辭文體對後世的詩歌創作產生了重要的影響；另一方面，他在作品中表達出自己的孤獨和寂寞，以及不被別人理解的痛苦和無奈的心情，這些崇高的愛國精神、偉大的政治情操和不屈不撓的奮鬥精神，都對後世產生了深遠的影響。

屈原是孤獨的，他的品格亦是高尚的。正是由於他那高於世人的長遠目光，讓他受到當時舊勢力的排擠和驅逐，他的悲劇是社會的蒙昧所造成的；屈原作為楚國最孤獨的愛國者和遠見者，他為楚國奉獻自己的一生，他孤獨地堅持著自己的理想和信念，在作品中抒發悲憤之情。

屈原的可貴之處，不僅在於他高尚的道德操守，還在於他處於人生的孤獨寂寞

*令尹為楚國最高官職，入則領政、出則統軍。

中依然不放棄自己的理想和追求，甚至以死明志，成為偉大的愛國詩人。**在孤獨中堅持真理、寧死不屈的愛國精神**，使他成為人們心中光明與正義的化身；人們在農曆五月初五，屈原投江這一天，以「端午節」的形式來紀念屈原，表達人們對他深深的悼念之情。

愛因斯坦：孤獨成就偉大

愛因斯坦（Albert Einstein，一八七九年至一九五五年），出生於德國的猶太裔理論物理學家、思想家及哲學家，是世界上最出色的科學家。他在物理學上取得了輝煌成績，其中尤以「相對論」更是對世界產生重大的影響，是*物理學界的兩大支柱之一，不管是在電腦領域、還是在航太領域，相對論都是重要的理論基礎。

如今的愛因斯坦被譽為「現代物理學之父」及二十世紀世界最重要科學家之一，其名字更可以說是「天才」的代名詞；但在當時，為了追求真理、捍衛科學，

*另一為德國物理學家普朗克的「量子力學」。普朗克（Max Karl Ernst Ludwig Planck，一八五八年至一九四七年）是二十世紀最重要的物理學家之一，於一九一八年獲得諾貝爾物理學獎的肯定。

愛因斯坦曾一度將自己置於孤絕的境地。

當時，愛因斯坦的相對論觸動了經典物理學的統治地位，遭到傳統勢力的阻撓和反對。在愛因斯坦任教的柏林大學中，有的學生故意搗亂，這讓愛因斯坦非常氣憤；還有人專門發動團體針對愛因斯坦發表文章，進行演講，辱罵愛因斯坦；甚至更有人揚言要殺死愛因斯坦。

就這樣，愛因斯坦被迫離開了柏林。

後來希特勒上臺，德國反對愛因斯坦相對論的聲浪更高；加上德國反猶太的納粹主義興起，讓愛因斯坦對祖國德國失去了最後的一絲希望，公開表示不再回到德國。

由於他反對戰爭、堅持真理，最後甚至成為德國右翼分子的刺殺對象，希特勒也曾經用兩萬馬克來懸賞他的人頭。就這樣，愛因斯坦被祖國拋棄了，被德國的同行拋棄了，他成為一名孤獨者。為了逃避追殺，愛因斯坦不得不從歐洲的一個國家流浪到另一個國家，直到最後才在美國定居。

愛因斯坦對自己的研究有著無限的執著，他甘願為工作而付出自己全部的時間和精力，至於其他事情，他很少關注。愛因斯坦曾在結婚的那天，當他與愛妻從婚禮回到住所時，愛因斯坦才發現自己忘了帶鑰匙，最後只好找來房東開門，兩人才能回得了家。

愛因斯坦在生活上非常簡樸而且不修邊幅，經常頭髮蓬亂地出去工作，致使很多人見到他後都不敢相信大名鼎鼎的愛因斯坦就是他；在衣著上，他經常穿一件灰色的毛衣，從來不穿襪子，也不打領帶——即使是面見美國總統羅斯福時，也是如此。

一次，比利時的國王和王后邀請愛因斯坦前往比利時訪問和講學，為了迎接愛因斯坦，比利時還專門成立一個接待委員會。愛因斯坦到來的那天，火車站上鐘鼓齊鳴，迎接的官員們穿著禮服，準備了隆重的歡迎儀式，可是當火車到達後，旅客們紛紛進站，負責接待的官員卻始終找不到愛因斯坦。

原來，愛因斯坦早已避開歡迎人群，自己提著行李，徒步從車站走到皇宮。正當負責接待的官員狼狽的向王后報告沒有接到愛因斯坦時，只見一個頭髮灰白蓬亂的老人提著手提箱，風塵僕僕地來到王后面前。王后說：「愛因斯坦先生，為什麼不坐我派去的車子，偏偏要自己走過來呢？」愛因斯坦微笑著回答道：「王后陛下，請不要見怪，因為我喜歡步行帶給我的快樂。」

由此可見，愛因斯坦並不像世人那樣熱切追求那些優厚的物質待遇，無拘無束才是他喜歡的狀態。

愛因斯坦在科學上取得的輝煌成就，使他獲得很多的頭銜和名譽，但是愛因斯坦對這些並不在意；他把這些獎章和獲獎證書，包括諾貝爾獎，通通扔在一個箱子裡，然後將它們遺忘在角落。

當愛因斯坦獲得全世界科學家都夢寐以求的諾貝爾獎時，他表現得十分平靜，沒有任何地激動和興奮。他曾寫信告訴朋友：「我不希望成為公眾人物而獲得他人的注意，我只想找一個安靜的角落專心做我的研究，可現在卻不能了。」

成名後的愛因斯坦，收到很多家庭主婦、學生、科學家寫來的信，他使用過的東西也成為眾人收藏的對象；愛因斯坦對此十分困惑和不解，他不希望自己如此突出。由於愛因斯坦經常穿一件毛衣、叼著煙、一頭捲曲的白髮，很容易在大街上被人認出，所以為了避開眾人的關注，愛因斯坦特地跑到洛杉磯一條藝術街上居住，因為那條街上大部分的人都留著大鬍子、穿著毛衣。

一位記者詢問愛因斯坦有關成功的秘訣時，愛因斯坦回答說：「在我年輕時，我就發現一個成功的秘訣，這個秘訣就是A=X+Y+Z。A代表成功，X代表努力工作，*Y代表懂得休息，Z代表少說廢話，這就是我發現的成功公式。我想，這個公式不僅對我有用，對其他人也同樣有用。」

*另有一說，Y代表正確的方法。

愛因斯坦孤僻的性格和對工作的廢寢忘食使他和家人、朋友之間總是保持著一定的距離。他的第一任妻子就是由於無法忍受他的性格和工作生活的習慣而離開了他；他的第二任妻子艾爾莎喜歡招待朋友來家中做客，有時為了讓他從繁忙的工作中休息一下，艾爾莎也會叫愛因斯坦下來和朋友一起聊聊天，可是她得到的往往卻是愛因斯坦的拒絕。

愛因斯坦喜歡在一個安靜的角落裡思考問題，專心投入到自己的研究中去。他幾乎過著與世隔絕的日子，在孤獨的工作中體會著屬於自己的快樂。而在艾爾莎去世以後，愛因斯坦陷入了更深的孤獨之中。

對於愛因斯坦來說，孤獨不是一種悲涼。正是因為他在孤獨中能始終堅持自己的想法，不在意他人的看法和批評，才成就了巨大的科學成就，更因此對整個人類都產生了深遠的影響。

愛因斯坦的孤獨不是精神上的孤獨，而是生活上的孤獨，正是由於愛因斯坦對於精神上的獨立才讓他成為孤獨者。任何企盼有所成就的人，都必須學會耐得住孤獨和寂寞，必須有走在眾人前面的信心和勇氣；儘管這樣會受到很多人的攻擊和不認同，但如果你總是跟隨著眾人的腳步，是永遠無法取得成功的。

所以，那些在事業上取得成就的人往往都是孤獨的人，因為他們超前的思維和眼光很難得到當時眾人的理解，可以說，**是孤獨成就了偉大**。

巴爾扎克：人最怕精神上的孤獨

巴爾扎克（Honoré de Balzac，一七九九年至一八五〇年），他作為法國現實主義文學的代表人，創作長篇巨著《人間喜劇》，描寫了兩千多個人物，全面展示十九世紀初期法國各個階層人物的社會生活，被稱為法國社會的「百科全書」。可是，又有誰曾想過，巴爾扎克是在沒有溫情的家庭環境中孤獨地度過自己人生。

巴爾扎克雖是家中的長子，但童年時並沒有得到父母的關愛，而是在出生後不久就被送到郊外一個憲兵家，讓憲兵的妻子代為撫養，巴爾扎克就像被家人遺忘了一樣。長大後，巴爾扎克被父母送到管理非常嚴格的教會寄宿學校，學校老師的冷漠殘酷和教會學校的嚴肅古板，讓巴爾扎克在學校倍感孤獨；即便回家後，卻也無法得到家庭的溫暖，只有父母接連不斷的白眼和責罵。

這讓巴爾扎克十分傷心，內心充滿孤獨和寂寞。起初，他對母親只是害怕。時間一久，巴爾扎克對母親就變得冷淡，最後對母親產生了憎恨。巴爾扎克曾經說：「我的母親實在太可怕了！讓我覺得自己從來就沒有過母親。」親情之間的冷漠，讓巴爾扎克只能從書中尋找溫情和樂趣，他把全身心都投入到書籍的閱讀當中去，他曾說：「只有讀書才能維持我的頭腦活著。」

一八一三年，巴爾扎克聽從父親的規劃，進入巴黎大學法學院學習，只是他對法律完全不感興趣，所以私下去旁聽了很多文學院的課程。同時，他的父母為了讓他儘早熟悉法律工作，曾分別安排他在一位訴訟代理人和一位公證人的事務所見習。而那些年的見習生活讓他受益匪淺，讓他有機會接觸到法國社會的各個階層，瞭解上層社會的虛偽、人民生活的困苦和社會的黑暗，也讓他認識到法律的虛假，為巴爾扎克日後的創作積累了良好的素材。

巴爾扎克大學畢業後，沒有再聽從父母的指示從事律師工作，反而不顧父親的強烈反對，全心投身於寫作之中；於是，巴爾扎克在萊特居耶爾街租了一間閣樓，開始他的文學生涯。

經過一年的奮戰，他第一部作品《克倫威爾》終於誕生，但結果卻沒有取得想像中的成功，甚至有人曾惡劣的評論道：「這個作者想幹什麼都行，就是不要碰文學。」而父親也藉機要求他回去做法律工作。只是巴爾扎克依然堅持自己的看法，為此，盛怒下的父親斷絕了對巴爾扎克的經濟支援，失去經濟來源的巴爾扎克很快就陷入生活的困境。

為了維持生計，巴爾扎克不得不以各種筆名寫下大量光怪陸離、粗製濫造、迎合大眾消費的流行小說，但這些作品微薄的收入並沒有改變巴爾扎克的處境，而這些連自己都不願意承認的作品，更是得不到當初想望的榮耀；後來，巴爾扎克也曾考慮過暫時的「棄文從商」，他曾經和一個出版商合作出版一些古代文學家的作品，沒想到錢沒賺到，最後卻反虧了一萬多法郎的債務；除此之外，他開辦的印刷廠、鑄字廠等，每次也都以失敗告終，最後，巴爾扎克可以說是債臺高築。

為了躲避債主的追討，巴爾扎克經常躲去貧民窟，和那裡的工人們混在一起，或是聊天說地，或是看他們爭吵，這讓他再次充分瞭解了底層人民的生活，體會到他們的痛苦。這段經歷讓巴爾扎克對法國的社會有了真正的瞭解，深刻地體會到法國社會人與人之間冷漠殘酷的金錢關係，這些後來都成為巴爾扎克小說的重點批判對象，也成為《人間喜劇》中一個最重要的主題。

四年的商海沉浮，讓他嘗夠了破產的苦楚，最後，還是母親出面替他還清債務。經歷了這麼一大圈，巴爾扎克最後終於能夠痛定思痛，重新投入文學創作，靜心於孤寂之中，並將過去在痛苦中累積的一切轉化為創作的最佳素材。一八二九年，《舒昂黨人》成功問世，他的創作生涯終於進入一個全新的時期，成為法國文壇上的一顆新星。

在接下來的二十多年裡，巴爾扎克憑藉驚人的毅力和超人的速度進行著創作，有時候三天就可以寫完一部中篇小說，兩週的時間就可以創作一部長篇小說。巴爾扎克經常兩三天就用完一瓶墨水，用壞十幾個筆頭，二十多年的時間內，巴爾扎克接連創作了九十一部作品，成功地塑造了兩千四百多個人物形象，用畢生的精力創造了一部光輝的巨著——《人間喜劇》，充分展示了十九世紀法國社會的全貌，被譽為「一部反映法國社會現實，特別是巴黎上流社會的現實主義歷史巨著」。

巴爾扎克曾經說過：「**在各種孤獨中，人最怕精神上的孤獨。**」可以看出，巴爾扎克對孤獨深有體會。正是由於童年時親情上的孤獨，讓巴爾扎克只能從書籍中尋找慰藉，來充實自己的心靈，這為以後的創作打下了基礎；也正是由於巴爾扎克在年輕時屢次遭受創業和經商的失敗，充分感受到失敗後的孤獨，深刻體驗到社會中冷酷的金錢關係和世態的炎涼，這讓他走上了現實主義的道路。

作為一個作家，巴爾扎克在創作時往往都是孤獨地沉浸在自己的世界中，這讓他忘記現實中的一切，經常一寫就是十幾個小時；在寫作的時間裡，巴爾扎克只是專心地寫和修改稿件，完全沉浸在自己的創作中，創作《高老頭》這部作品時，巴爾扎克更曾經為高老頭的死去而失聲痛哭。正是這種對創作完全投入的精神，使巴爾扎克忘記了現實生活中的孤獨和寂寞，讓他孤寂的心靈在文學創作中得到釋放，讓巴爾扎克創作出大量膾炙人口的作品，成為一代文學巨匠。

梵谷：孤獨的藝術家

梵谷（Vincent Willem van Gogh，一八五三年至一八九〇年），作為後印象派畫家的代表人物，他創作了《向日葵》、《星夜》等聞名於世的畫作，被視為十九世紀人類最偉大的藝術家之一；但梵谷同時也是孤獨的藝術家，他熱愛生活，卻在生活中屢屢遭受挫折和失敗，最後在孤獨和困苦中度過自己那顛沛流離的一生。

梵谷從小就是一個沉默寡言的孩子，他不善於表達自己的感情，性格有些孤僻，但在他的內心卻充滿了對親情、友情和愛情的渴望和追求。

梵谷年輕時曾在沒有許可證的情況下做過傳教士，他到最貧窮的礦區，和礦工們一起吃住，還經常把自己的衣服和食物送給那些貧苦的人們，甚至曾冒著生命危險在礦坑爆炸時救出一名礦工。但最終，他還是遭到傳教本部解除了他的傳教士職務，這使梵谷從原本對宗教的全然奉獻，轉而開始質疑宗教。

離開礦區後，梵谷開始了他的繪畫生涯。梵谷並沒有接受過系統、專業的繪畫訓練，而是透過廣泛接觸、學習前人畫作的基礎上大膽創新，形成了獨特的繪畫風格，創作出許多飽含激情的藝術作品。在八年的繪畫生涯中，他共創作了八百五十多幅油畫作品。

在剛開始走上藝術之路時，他滿懷熱情和信心，雖然當時很貧困，但他認為**只要有思想，人生就是富裕的**；他並不在意自己是否能夠取得成功，只是完全沉浸在對藝術的狂熱追求中。

梵谷不僅在藝術創作上懷著滿腔熱情，在感情上也是非常執著和認真的，只是他過度的熱情往往很難以被別人所接受。當梵谷遇到表姐凱後，心中對她的愛是那樣地瘋狂和強烈，讓他根本無法控制自己；但這樣的愛在表姐凱的心中無疑是可怕的、違背倫理的。最終，梵谷的求婚遭到表姐的拒絕，而這次情感上的失敗給梵谷造成相當沉重的打擊，他的心裡苦悶和悲傷，於是將全身心投入於作品中以撫慰自己那顆落寞的心，並藉此表達他對愛情的渴望。

後來，他在街頭遇到了遭人拋棄的懷孕妓女席恩，他把席恩帶回家，開始共同生活。在此期間，他曾創作大量以席恩為原型的繪畫作品《悲哀》、《根》等，這時的梵谷為了幫助席恩甚至想和她結婚，可是他卻依然遭到拒絕；最後由於兩人生活的太過困頓，彼此不得不走上分離的道路。

愛情上屢次挫敗，讓梵谷倍感孤獨和受傷。梵谷怎麼也想不明白，為什麼他愛得越深，就離得越遠。愛情上遭遇的苦悶和無法傾瀉的感情，讓梵谷將全部的精力都投入到他的繪畫創作中。

後來，梵谷結識了好友*高更，並且開始和高更在法國南部阿爾勒共同創作繪畫的生活。由於兩個人對藝術有著不同的見解，而且兩個人又都有著自己的固執和偏執，導致他們經常發生激烈爭吵，最後甚至達到無法調解的程度，造成高更的離去。好友的離去讓梵谷的生活陷入孤單和對未來的絕望，精神幾乎接近崩潰，而為了讓自己從那幾近崩潰的精神中清醒過來，他親手割掉自己的一隻耳朵！

為此，梵谷被送進聖雷米的精神病醫院。在醫院中，他的弟弟西奧成為梵谷唯一的知音。事實上，梵谷正是靠著弟弟在經濟上不斷地支持，才讓他能在十多年來繼續維持著繪畫的創作；所以梵谷也決定為了弟弟，要好好地活下來，因為如果沒有弟弟的支持和理解，梵谷也許早就被崩潰的精神壓垮。

梵谷經常把自己的畫作寄給弟弟，他對弟弟說，他的畫將來一定會值錢。這一方面是他在安慰自己，給自己打氣；另一方面，他也是為了鼓舞弟弟，因為在他的潛意識中，他一直很怕失去弟弟對自己的支持。就這樣，一直承受著精神和物質雙重磨難的梵谷，只有在繪畫中能找到自我，找到自信，能夠忘乎所以，為所欲為。

在生命最後的那段時間裡，在疾病折磨下的梵谷，依然抓住發病間歇的平靜

＊高更（Paul Gauguin，一八四八年至一九〇三年），法國巴黎出生，大部份藝術史家將他歸於後印象派。他的作品用色和線條都很粗獷，有某種「原始」的風格。

期，拼命地進行繪畫。

在現實世界中，梵谷是孤獨的，他熾熱地渴望著親情、愛情和友情，但由於感情太過熱切，以至於人們無法承受。而他的繪畫在當時也得不到世人的肯定。

梵谷或許是一個孤獨的人，但**梵谷卻在孤獨中創造了自己的時代**。他拿起了畫筆，用最鮮豔、最濃烈的色彩畫出自己在現實中無法宣洩的熱情，他創作了大量有關向日葵和麥田的作品，用明亮的色彩和強而有力的筆觸，表現出張揚強烈的生命力與奔放不羈的熱情，流露出梵谷對生活和藝術那像火一般的熱情。

在《星夜》這幅作品中，他用漩渦式的曲線描繪了夜晚的星空，那些在碧藍色夜空下，閃爍光芒的繁星格外奪目，迴旋的星雲在夜空中與漩渦狀、閃著橙黃色光芒的月亮相連接，讓整個星空變得活躍起來，褐色的柏樹像燃燒的火焰一般衝上天空，星空下那細長的教堂塔尖伸向天空，整幅畫面似乎都在迴旋著，在一種寧靜的表象下湧動著激情，讓人們不由自主地沉浸其中，不能自拔。

梵谷是一個孤獨的人，但也**正是因為孤獨，才讓他能夠遠離世俗獨自思考，在**

寧靜中剖析自己的靈魂和思想，更純粹地在繪畫中表達自己的感情。梵谷的命運如此坎坷，在窮困潦倒和眾人不能理解的情況下，孤獨寂寞地過完了他的一生，直到梵谷死後多年，他的作品才得到世人的讚賞，並以數千萬的天價創造出繪畫史上拍賣價格的最高記錄。

梵谷雖然孤獨，但正是因為孤獨，才激發他如此巨大的繪畫創造力，讓他心無雜念地沉浸在靈感的尋找和追求之中。梵谷曾在一篇文章中寫出他的無奈和孤獨，他說：「人們總把我看成是一個不可理喻的怪人，我要申明的是，我不是什麼怪人，尤其不是應從社會中被擯除的野蠻粗魯的人。」

梵谷雖然在生活中飽受挫折和磨難，但他仍然至死不渝地熱愛著自然、熱愛著生命、熱愛著繪畫，讓人不得不對他產生一種崇敬之情。孤獨沒有讓他失去希望，反而激發他無限的創作熱情，他從來沒有放棄過對藝術的追求，即使現實生活讓他身心疲憊，他仍然努力探索，對藝術進行著無止境的追求。可以說，**正是孤獨才讓梵谷達到了一種令人難以企及的境界**。

在梵谷的繪畫作品中，洋溢著一種生命的熱情，他用飽經滄桑的手畫出一種不事雕琢的天然，畫中顯示出他內心的單純、善良與真誠。在孤獨中尋找靈魂的追求，讓梵谷成為繪畫史上最閃亮的一顆明星。

司馬遷：「史家之絕唱，無韻之離騷」的孤獨人生

司馬遷（約西元前一四五年至前八十六年），作為歷史上偉大的歷史學家和文學家，他忍受了常人難以想像的精神和肉體的巨大痛苦，在孤獨和悲憤中用一生的心血寫下中國第一部紀傳體通史——《史記》，被*魯迅讚譽為「史家之絕唱，無韻之離騷」。但是，在司馬遷的一生中，孤獨始終伴隨著他、磨煉著他，讓他堅強起來，忍辱負重地完成了自己的理想和父親的遺願。

司馬遷生於史官世家，他的家族歷代都是作為史官，記載帝王將相的言行和天下

*魯迅（一八八一年至一九三六年），原名周樹人，以筆名魯迅聞名於世。二十世紀時華人重要作家，新文化運動的領導人。

發生的大事。司馬遷的父親司馬談在做了太史令之後就希望能寫一部包含中華民族數千年歷史的史書，但由於精力和時間等各方面的限制，司馬談並沒能實現這一宏偉的理想；所以，他將此寄望於兒子司馬遷身上，希望兒子能夠幫助自己實現宏願。

司馬遷小的時候，父親就開始培養他，十歲時便隨父親前往長安，向學識淵博的伏生、孔安國學習，在名師的教導和啟發下，司馬遷獲益匪淺。而為了讓司馬遷能夠實地考察和瞭解歷史人物與各地的風俗習慣，司馬談讓兒子進行了一次遍足全國的漫遊，那時司馬遷才二十歲。

這一次他南到江淮一帶，北到汶、泗等地，為編寫《史記》做了第一次實地考察，他所獲得的很多珍貴資料，確實了《史記》創作的真實性和科學性。

三十八歲時，司馬遷繼承了父業，於是開始著手編寫《史記》。而其在史書上的實事求是精神，其實早已引起漢武帝心中的不滿。

後來，由於「飛將軍」李廣的孫子李陵主動請纓出擊匈奴，最後因救兵不至兵敗被俘。漢武帝為此震怒，視其為叛國，滿朝文武無人敢為其辯解，唯獨司馬遷站出來直言道：「李陵雖打了敗仗，但能帶著五千士兵深入敵腹，打擊數萬敵軍，也算是盡到了職責。而且雖然他投降敵軍，但肯定有其苦衷，將來若有機會也必定會想辦法報答皇恩。」

話雖說得合情合理，但漢武帝聽在耳裡，卻認為司馬遷是藉口為李陵辯護，實則是譏諷自己用人不當，詆毀這場戰爭的主帥李廣利調度不利；加上漢武帝先前便對司馬遷藏有心結，一怒之下遂將司馬遷關入監獄，以欺君之罪判處死刑。

在當時酷吏的嚴刑拷打下，司馬遷受盡各種殘酷的折磨，但他始終不肯屈服，拒絕認罪。在當時，死刑可以有兩種方式充抵，其一是「令死罪入贖錢五十萬減死一等」；另一種則是改處以「腐刑」（閹割）。兩袖清風的司馬遷，當然沒有錢可以為自己贖身，而在獄中備受凌辱，幾乎斷送性命的過程中，他本也想一死了之；可一想到自己為撰寫《史記》所搜集的大量資料，如果死了，不就無法完成自己和父親的多年夙願嗎？於是他屈辱的選擇腐刑，堅強地挺了下來。

後來，他在給好友任安寫的《報任安書》中寫道：「**人固有一死，或重於泰山，或輕於鴻毛。**」表達出自己要完成《史記》的意圖和決心。

在獄中，司馬遷孤獨地忍受著肉體上的痛苦和精神上的折磨，奮發圖強，繼續編寫《史記》。入獄三年後，漢武帝因改元（改換年號）而大赦天下，司馬遷終於得以出獄，並任職為中書令，繼續發憤著書編寫《史記》。

五十五歲時，他終於完成了《史記》的編撰工作，全書共一百三十篇，包括從三皇五帝到漢武帝上下三千多年的歷史。《史記》不單是一部史書，同時也是一部文學名著，它開創了中國的傳記文學，被列為中國二十四史之首，對後世的文學發展和史學發展都產生非常深遠的影響。

司馬遷作為史學家無疑是歷史上最成功的一人，他的命運卻也是孤獨而坎坷。他的孤獨來源於他的正直、來自於他的不甘平庸；如果司馬遷像其他人一樣平庸地度過自己的一生，無所追求，每天在清風明月下吟詩作畫，他就不會遭受磨難，但也就絕不會有如今的輝煌成就。

如果他像其他官吏一樣，為了功名利祿而鑽營奉承，他也就不會受到牢獄之災；但他的人格、他的抱負都不允許他這樣做。這或許是基於他編撰史書的信念，秉承不講空話、不隱瞞事實的宗旨，他要求自己所記錄的史實都要公正可信，因而對所寫的每一個歷史人物都進行了大量的研究和反覆的核查；也只有如許的堅持，才能編撰出《史記》如此的巨著，客觀公正地反映出真實的歷史。

司馬遷的《史記》取得了巨大成功，但在編寫《史記》的道路上卻是那麼孤獨。一個人面對著嚴刑拷打、面對著去勢的侮辱、面對著家人的不諒解、面對著族人的唾棄和他人的嘲笑，舉步維艱，忍辱負重。在獄中，他受到非人的對待，司馬遷也曾想過一死了之，但司馬遷知道死或許讓他有尊嚴，卻不能實現自己的理想和抱負，不能證明自己生命存在的意義；所以，他選擇了在萬般凌辱下卑微地活著，在孤獨中用手中的筆寫出自己人生的輝煌和意義，為我們勾畫出歷史上一個個栩栩如生的人物形象。

司馬遷用自己出色的文采將歷史和文學成功地融合在一起，貫穿古今，從政治、經濟、文化各個方面來編寫一部百科全書式的歷史著作，從而推動歷史和文學的發展。司馬遷用《史記》成功地洗刷自己的恥辱，實現自己的夙願，在孤獨中成就了自己。

張愛玲：在孤獨中湧現靈感

張愛玲（一九二〇年至一九九五年），作為中國近代文學史上的第一才女，她的內心是孤獨的，不管在親情、還是愛情中，她總是受傷的那一個。她本身就充滿了悲劇的色彩。

張愛玲出生於名門，祖父是清末名臣，祖母則是李鴻章的長女，雖然家世顯赫，但她的童年卻並不快樂。她的母親崇尚西學，是一個思想獨立的女性，和她那封建遺少的父親是註定要分開的；在張愛玲四歲時，母親出國留洋，去尋找自己的幸福人生，而失去母愛後的張愛玲卻沒有因此得到父親更多的關愛，父親在娶得第二個太太後，反而對她越來越不好。

張愛玲曾在她的文章中這樣描寫道：「父親聞訊趕來，揪住我，拳腳相加」，「我覺得我的頭偏到這一邊又偏到那一邊，無數次，耳朵也震聾了。我躺在地上了，他還揪住我的頭髮一陣踢。」可以看出，張愛玲是在冷漠、沒有溫情的環境中度過童年的，這也註定了她的心靈將比其他人更為敏感。

在家中，她沒有朋友也沒有親情，所以經常對著天空發呆。張愛玲內心與生俱來的敏感和孤獨，讓她在自卑之下更加追求自足，聰穎中透著冷傲和嘲諷。張愛玲曾寫道：「我是一個古怪的女孩，從小被目為天才。除了發展我的天才外別無生存目標」，「我發現我除了天才的夢之外一無所有。」親情的冷漠讓張愛玲從小就對生活產生畏懼，感受到人情的悲涼，在孤單和寂寞中，她依靠讀書來排解心中的孤獨和悲涼，這一切促使張愛玲走上文學的道路。

十二歲時，張愛玲在校刊上發表了自己的處女作——短篇小說《不幸的她》，從此，張愛玲在文學方面的才華便一發不可收。十八歲時，張愛玲逃離了父親家，來到母親那裡；母親讓她選擇要嫁人還是要讀書，張愛玲毅然選擇了讀書，並順利獲得倫敦大學的獎學金。但由於戰亂，她最後不得不放棄機會出國留學的機會，轉而考取香港大學，主攻文學。

一九四一年，太平洋戰爭爆發，由於日軍攻占香港，她於隔年不得不中斷學業回到上海，此後，張愛玲依靠寫作謀生，《第一爐香》和《第二爐香》成為她的成名作，《紅玫瑰與白玫瑰》、《傾城之戀》、《金鎖記》更奠定了她在現代文學的重要地位，讓她成為當時上海首屈一指的女作家兼才女。

不過，她雖然通曉人情世故，但孤傲的性格使她始終與他人保持一定的距離，旁人很難走進她的內心。在張愛玲的事業蒸蒸日上之時，她邂逅了*胡蘭成，遭遇人生中的第一次愛情。為此，她甚至不介意胡蘭成的漢奸身份，不在乎胡蘭成已婚，不在乎胡蘭成比自己大十四歲，在眾人嘲諷下，義無反顧地嫁給了胡蘭成。她認為愛是自己的事情，和其他人一點關係都沒有；她單純地認為，愛一個人兩情相悅就好了。

*胡蘭成（一九〇六年至一九八一年），中國近代作家，對日抗戰時期任汪精衛政權宣傳部次長、行政院法制局長，是著名的漢奸。

一個冰雪聰明的女人在愛情中卻沒有選對人。由於胡蘭成的濫情又毫無責任感，他很快就結識了新歡范秀美，背叛了他們的婚姻，這讓張愛玲遍體鱗傷。僅僅三年的時間，就結束了他們的婚姻。

之後她孤獨地漂泊了九年之久，才結識了她的第二任丈夫賴雅，兩個人結婚後度過了十一年的光陰，直到賴雅去世。

餘下的二十八年裡，張愛玲過著與世隔絕的生活。

張愛玲是孤獨的，在孤獨中度過她的童年、在孤獨中堅持自己的理想和愛情，讓她有著比其他作家更細膩的心思和感情、讓她在文章中排解自己化不開的孤獨之情。

張愛玲筆下的人物大都是孤獨的，人與人之間也是互相猜疑和不理解，人們都被套在各種枷鎖中生存。作品中表現出張愛玲對現實的一種嘲諷和內心的一種孤獨意念。

在《金鎖記》中，女主角曹七巧的身上，就表現出一種被孤獨壓迫到無以復加的程度，讓曹七巧的心理產生了扭曲。她為了讓兒女留在自己身邊，甚至不惜破壞他們的婚姻，造成了一整個家庭的悲劇。在張愛玲的文學作品中，每一個人都是那樣的無助，他們只想抓住自己可以依靠的東西，到頭來卻一切成空，最終也擺脫不了孤獨的命運。

張愛玲是孤獨的，在飽經人世的創傷後，她將這種孤寂的心情也融入到作品當中，通過作品來抒發內心悲涼孤獨的心情。

「**笑，全世界便與你同笑，哭，你便獨自哭。**」

張愛玲一生都在孤獨中漂泊和流浪，一個人讀書，一個人生活，但是，在孤獨中，張愛玲坦然地迎接了一切，用文字來成就自己不凡的一生。

李白：孤獨中成就詩仙

李白（七〇一年至七六二年），被人們稱為「詩仙」，他那豪放飄逸的詩風給人留下深刻的印象。在人們心中，李白是一個具有俠義肝膽的浪漫主義詩人。

李白出生於盛唐時期，五歲時，跟隨父親從西域的碎葉來到四川青蓮鄉定居。李白從小聰明伶俐，「五歲誦六甲，十歲觀百家」，十五歲的時候就開始學習劍術，後來還學習了縱橫之術。李白十分勤奮好學，經常不知疲倦地讀各種書籍，為他的詩歌創作打下良好的基礎。

二十多歲時，李白開始他的遊歷人生，他一生的大部分時間都是在遊歷中度過的。他南到洞庭，東到吳越，遊歷不少風景名勝，而在欣賞雄偉壯麗的河山的同時，也薰陶了李白豪放的性格和開闊的胸襟。在遊歷的旅程中，李白也顯現出俠義精神，他經常周濟那些在生活中遇到困難的人們，僅在遊歷吳越的一年時間內，他就散盡三十萬兩。在李白的詩歌中，也經常讚美那些捨身救難的俠義之士，他曾經用「縱死俠骨香，不慚世上英」來讚美*侯嬴和朱亥，用「卻秦振英聲，後世仰末照」來讚美*魯仲連。

在李白孤身遊歷的過程中，他受到樂府詩歌的影響，並在閱歷不斷的增長之

*侯嬴和朱亥為戰國時魏國信陵君門客。西元前二五七年，秦起兵圍趙都邯鄲，信陵君意欲救趙。為此侯嬴為之獻策，首先讓魏王寵妃如姬從宮中盜出虎符，再讓朱亥陪同信陵君前往奪取魏軍以救趙。

*魯仲連，戰國齊人，遊歷於趙國。秦國圍攻趙都邯鄲時，魏王派人前往趙國遊說平原君，請他勸說趙王歸秦；魯仲連知道後，便請平原君讓他和魏國使臣一見，反而讓魏使打消了原本的念頭；之後信陵君率魏軍擊秦，邯鄲之圍終解，為此，平原君欲封賞魯仲連，他卻不受而去。十餘年後，齊國田單攻聊城，兩年來久攻不下，魯仲連以箭書勸喻守將圍城之無望，使其自殺，聊城因此而破；齊王欲賞封魯仲連，他再次不受而逃。魯仲連游於政治而自在通達，是李白的政治偶像。

下，寫下無數著名的詩篇。例如，他在遊歷天門山後寫下：「天門中斷楚江開，碧水東流至此回。兩岸青山相對出，孤帆一片日邊來。」詩句中既描繪了天門山宏偉壯麗的景色，也表現出李白當時的喜悅之情。

李白由於受到儒家、縱橫家思想的影響，他希望自己能夠建功立業，在遊歷的過程中能夠遇到伯樂，得到賞識，通過名士的引薦和提拔而走上仕途之路；他豪放不羈的性格，使李白不願走科舉的道路，他曾經寫過一篇《與韓荊州書》給唐朝的名士韓荊州推薦自己，但並未得到回覆。

他還曾經做客長安，希望自己能夠得到建功立業的機會，可一年過去了，仍然毫無著落。這讓李白有些失望，離開了長安；直到天寶元年，李白在吳筠的推薦下受到了唐玄宗的賞識，讓李白供奉翰林。

而由於李白敏捷的思維和出色的詩歌才華，使他深受唐玄宗的寵信，卻也因此遭到他人的嫉恨、被人誹謗。而在長安城中陪侍君王的這段期間，是李白最能夠接近權力中心的時候，他清楚地見識到宦官的飛揚跋扈、貴族的驕奢淫逸和朝中的種種腐敗，更瞭解了官僚之間為權為利的明爭暗鬥。這些官場的醜態讓他萬分感慨，便有了歸隱之意，而唐玄宗也在奸人的唆使下允李白「賜金放還」，而這其實是變相的將他逐出長安。

結束了長安三年的翰林生活後，李白開始雲遊四方的流浪生活，但由於李白同時受到儒家和道家思想的影響，他心中始終存有濟世與歸隱兩種矛盾的思想。安史之亂後，李白應邀成為永王李璘的幕僚，一心淑世救國；可不久後，永王在和肅宗爭奪帝位的鬥爭中敗北，李白也因此受到牽連入獄，後被流放於夜郎。

此時的李白已經人入暮年，所幸，在途經巫山時遇到天下大赦，終於又重獲自由。但這時的他已經不再意氣風發，生活的相當窘迫，在投奔當塗縣令、他的族叔李陽冰之後不久就病逝了。

李白一生大部分時間都在漫遊中度過，他本有著治國平天下的理想，但現實中卻屢受挫敗，也因此，懷才不遇、生不逢時常常成為李白詩歌中表達的主題。

在政治上的挫敗讓李白陷入一種前途無依的境地。原本的他，在初入京城為官時，還是躊躇滿志，認為實現政治理想的機會到了，並寫下「天生我材必有用，千金散盡還復來」的名句；但現實的黑暗和殘酷，卻讓李白受到沉重的打擊，在被皇帝「賜金放還」後，李白反而有一種遭遺棄的孤獨感，孤高的性格讓李白不願與世人同流合污，便在煢煢孑立、形影相弔中利用詩歌來解除心中的苦悶。

李白豪放灑脫的詩歌中往往夾雜著孤獨的感傷和惆悵。在《月下獨酌》中，李白寫道：「一樽齊死生，萬事固難審。醉後失天地，兀然就孤枕。不知有吾身，此樂最為甚。」其中表達出李白心中的孤獨和痛苦。在理想受挫的寂寞中，李白寫下：「花間一壺酒，獨酌無相親。舉杯邀明月，對影成三人。」可以看出當時李白是何等的孤寂。

而他的狂放不羈、高度自負和天真爛漫的性格使他在官場中曲高和寡，更讓他受到他人的排擠，如他詩中所說：「安能摧眉折腰事權貴，使我不得開心顏。」或許這正是李白在政治上失敗的原因。他的孤傲和正直的性格使他不懂得在官場中虛與委蛇，希望自身能憑藉著無與倫比的才氣而在政治上有所作為；只可惜他的自傲卻讓一切無功而返，最終被官場淘汰出局。

離開官場的李白只能借酒消愁，用詩歌來安慰自己，「古來聖賢皆寂寞，惟有飲者留其名。」這是李白對現實絕望的一種表現，用聖賢來自比清高，從中可見李白心中的鬱悶和孤獨。

李白在不得志的孤獨中用詩和酒來排遣心中的苦悶和壓抑，「烹羊宰牛且為樂，會須一飲三百杯。」他借此來讓自己忘卻不得志，在酒中放歌，在詩中發洩，讓自己獲得精神上的超脫和愉悅；在詩中，他慷慨激昂地對現實政治進行有力地嘲諷，同樣在詩中，他表現出自己懷才不遇的孤獨。

李白在年輕時曾經作詩來表達自己的奇才大志，寫下《大鵬遇希有鳥賦》，以「大鵬一日同風起，扶搖直上九萬裡。假令風歇時下來，猶能簸卻滄溟水。」的詩句表達出他的恃才傲物。然而，胸懷大志的李白，在一生中卻未能實現自己的理想和抱負，在懷才不遇的悲涼中度過了一生，臨終前，李白寫下：「大鵬飛兮振八裔，中天摧兮力不濟。餘風激兮萬世，遊扶桑兮掛左袂。後人得之傳此，仲尼亡兮誰為出涕？」這首《臨路歌》顯示出李白是帶著孤獨和遺憾離開這個讓他又愛又恨的世界。

李白一生在政治上不得志，但在詩歌創作中卻取有驚人的成就，他繼承屈原的浪漫主義詩歌，以大膽誇張的想像和現實聯繫了起來，表現出自己的喜怒哀樂，例如「白髮三千丈，緣愁似箇長。」就是李白極端愁思的體現；同時，他也寫下不少讚美自然、富有優美意境的山水詩。

他的詩歌往往氣勢宏大、感情豪邁、奔放恣肆、清新自然，讓讀者回味無窮，杜甫便曾讚揚李白的詩歌「筆落驚風雨，詩成泣鬼神」。在不得志的孤獨中，李白把詩歌之美推向了巔峰，那許多首膾炙人口的詩歌，正是他留給世人最寶貴的遺產。

南森：探險家的孤獨之旅

很多人，為了追求自己的夢想，甘願讓自己離開喧囂的城市和人群，在孤獨中尋找和發現自己的價值與理想；他們帶著對夢想的熾愛，毅然孤獨地投身於大自然的懷抱，他們的孤獨，是懷著對生命的熱愛和追求，是對夢想的探尋。

南森（Fridtjof Wedel-Jarlsberg Nansen，一八六一年至一九三〇年，挪威探險家、科學家和外交家，一九二二年諾貝爾和平獎得主）就是這樣一個人，他在孤獨中實現了自己的理想，成為第一個證實北極是海洋的探險家。

一八六一年，南森出生於挪威的一個富裕家庭，他從小就熱愛自然、喜歡小動物，對自然界懷有強烈的好奇心。一八八〇年，南森進入克里斯蒂安尼亞大學攻讀動物學；一八八二年，他乘船到格陵蘭水域去作調查，而就是從這次的海上調查，激發他日後對研究北極冰洋的強烈企圖。返回挪威後，由於他勤奮好學，在二十七歲的時候獲得了動物學博士學位，並曾擔任卑爾根博物館動物學館長。

南森懷著對大自然的熱愛，對探索那些未知世界有著強烈的好奇心，他曾向挪威政府申請資金，想要藉由雪橇來對格陵蘭冰蓋進行一次科學考察，卻遭到拒絕。很多人都不理解南森為什麼要對一個人跡罕至的嚴寒荒原進行勘察，有人甚至認為他這是一種沽名釣譽的行為。一份報紙嘲笑他說：「博物館長南森要為大家去格陵蘭做一次精彩的滑雪表演，在冰縫中有的是好座位在等著他，直接省去買回程的車票。」

面對眾人的嘲笑，他並沒有放棄自己的計畫，而是更加堅定了信心。

他到丹麥籌集考察的資金，在一八八八年同五個同伴一起踏上了格陵蘭探險之旅。經過四百多英里的長途艱苦跋涉，最終取得探險的成功，還根據自己的見聞寫了一本《愛斯基摩人的生活》。這次的成功讓人們對南森的態度發生了改變，讓他贏得了眾人的支持和信賴，為他的北極之行打下了良好的基礎。

當時他在報紙上曾讀到一篇報導，上面寫到，有一艘於一八八一年沉沒於西伯利亞近海的「珍妮號」探險船，經過兩千英里的路程後，飄到格陵蘭的西南部沿海地區；該文章的作者猜測，這艘船可能是隨著一種尚未被人所知的洋流而漂泊於此——對於作者的假設，南森十分感興趣，於是他找來大量的資料，想證明是否確有其事。

在其中一筆資料中，南森看到西伯利亞森林裡的木頭也曾經在格陵蘭海岸附近被人發現過。於是他假設，或許有一股東西向的洋流從西伯利亞流向北極，再從那裡流向格陵蘭——為了能夠證實此事的真實性，南森決定親自到北極進行一次考察，想通過自己的漂流來證實是否會出現跟「珍妮號」一樣的結果。

於是，南森和造船專家建造了一艘堅固耐撞型的特製船隻「弗雷姆號」（或稱「前進號」），讓船能夠避免被冰塊擠碎。船建造好後，南森便和同伴一起上路。

一八九三年六月，他們從西伯利亞往北極進發，一路向北極行駛，經過逆風和惡浪的襲擊後，九月時，他們終於來到北極海域，到達浮冰群的地區。

一天，他們發現遠處出現了一條細長的冰緣，不久，他們的船隻就被厚厚的冰塊圍困住，這時北極的冬天已經到來，他們的四周已經看不到海水，而是一片白茫茫的冰原。那些浮冰由於溫度降低而發生擠壓和碰撞，有的甚至經過碰撞後形成了高達二十多尺的冰脊。南森的船隨時面臨著被浮冰破壞的危險，浮冰相互擠壓的過程更像發生地震一樣，讓船體上下劇烈起伏，前進號兩邊的冰堆已經堆積到船體桅杆的高度，整艘船像在一個冰凍的峽谷中緩慢地行進，有時候甚至感覺不到它在移動。

他們被困在北緯七十九度了。

一開始，南森他們打算耐心地等待著那個未知的洋流把他們送到北極，於是在被冰封的期間，南森和船員們進行著各項科學考察：觀測天氣、天文、極光、洋流，測繪航線等。但經過一年多的時間，在第二年的冬天到來時，南森經探測後發現洋流的速度太過緩慢，這可能會比原來估計的時間還要延長五年左右的時間。

於是，他決定自己親自帶領一名最強壯的助手，通過雪橇和滑雪鞋前往冰原上考察。經過幾個月全面而謹慎的準備和練習，一八九五年三月十四日，南森和同伴詹森離開了船隻，踏上探索北極的征途；這時，他們的船隻距離北極還有三百五十英里，是歷史上第一艘如此靠近北極的船隻。

南森在冰原上最初以每天十四英里的速度前進，按照這個速度，他們很快就可以到達北極。可是，由於冰原上環境莫測，他們遇到了由無數冰脊組成的迷宮，在冰脊之間還佈滿很多碎冰，使得雪橇經常因此而翻車，讓他們有時不得不抬起雪橇來翻越這些冰脊。這讓他們非常疲憊，經常在滑行中就睡著了。

越接近北極空氣就越冷，他們被汗水打濕的衣服在晚上很快就凍成硬梆梆的冰塊，凍硬的袖口甚至將南森的手腕都磨破了。有一段時間，他們發現自己每天拚命地往北走，可到了晚上一測量，卻發現仍是停留在原地沒動；經過研究，他們發現，原來雖然自己每天往北邁進，可浮冰卻是在向南移動，這使得他們總是在原地踏步，看來人類似乎是贏不了大自然！

在發現了這個令人痛苦的真相後，他們決定放棄向北極挺進的計畫，掉頭向南。可是這時的他們，其實已經走了一百二十四英里的路程，雖然止步於北緯八十六度十四分，距離北極卻只有二百二十四英里，是人類首次達到離北極最近的距離。

之後，他和詹森決定向南部的弗蘭茲．約瑟夫群島出發，從而回到自己的家鄉。

他們在歸途中，遇到了更多難以想像的困難和麻煩。他們除了必須再一次穿越了由冰脊和巨大冰塊組成的迷宮外，到了五六月份時，北極地區的溫度開始變暖，冰原上的積雪開始融化成為雪漿，冰塊開始出現裂縫，而此時冰層的厚度已經不足以支撐雪橇的重量，他們隨時都有陷進去的危險。

於是，他們只好繞道而行，可是隨著時間的流逝，更大的困難出現了，他們的食物出現缺乏；為了生存下去，南森不得不殺掉一些狗來給其餘的狗充饑，直到剩下最後三條狗的時候，才終於出現了一些轉機。他們開始在冰原上發現北極熊的蹤跡，於是他們透過偶爾捕獵到的北極熊，終於解決了食物短缺的難題。

在向南走了三個半月後，七月底，他們終於看到遠處地平線上出現一座海島，這讓他們非常高興和激動；不過直到兩個星期後，他們才終於走到冰原的岸邊，並在九月時乘船登上了這個海島。

由於冬天即將到來，南森不得不在這個荒無人煙的海島上度過冬天，再做打算。

他們用石頭砌了一個小房子，用海豹皮和北極熊的熊皮做了禦寒的衣料，再用海豹的油脂做燃料。天氣好的時候，他們就出去捕獵或進行勘測。

直到一八九六年的五月份，他們才離開這個海島，並在附近的另一座小島上碰到英國的北極探險家傑克遜！對於南森他們來說，這真是重返人間的喜訊，他們在傑克遜的營地舒服的住上幾個星期後，終於搭上一艘來自挪威的貨船回到自己的國家。而這時國內的許多人早就都認為他們已經在探險中死去。

在南森回國一週後，弗雷姆號也隨著洋流安全地通過北極海域，如南森預料的一樣回到挪威，不但證實了北極是一片海洋，更帶回無數寶貴的研究資料。南森和弗雷姆號成功地回到挪威，受到祖國人們的熱烈歡迎，但是他們在探險過程中所經歷的艱難困苦和孤獨，都是常人所無法想像的。

對於南森來說，在孤獨的探險過程中，與大自然親密接觸，這種孤獨是對理想的追求，讓他得到精神上的滿足。南森的這種孤獨不是那種無所事事的空虛產物，而是為了追求夢想而甘願孤獨，這讓他在孤獨中一步一步實現自己的理想；雖然經歷了難以想像的困難和危險，在探險過程中承受了一般人難以忍受的孤獨，但他依然堅持下去；為了自己的理想，在孤獨的探險過程中他讓自己的心靈得到昇華，在孤獨中感悟人生、感悟生活，賦予孤獨更多的內涵。

這種孤獨其實就是對人生的一種追求。

孤獨對於每個人來說都代表著不同的含義，有的人在孤獨中沉淪而一蹶不振；有的人在孤獨中思考自己的人生、對自己重新定位，在孤獨中重新開始自己新的人生；有的人則在孤獨中有感而發，成為作家或詩人；有的人在孤獨和挫折中更加奮進，把孤獨當成激勵自己前進的動力，從而獲得成功；有的人則為了理想和抱負，甘願在孤獨中探險和追求，讓自己在孤獨體驗中得到心靈的充實。不管怎麼說，**對待孤獨的不同態度，決定了你不同的人生方向，決定了你是否能夠取得最後的成功**。

寂寞是一種崇高的人生境界。思想在寂寞中能夠得到昇華，靈魂在寂寞中能夠得到洗滌，智慧在寂寞中能夠更加規整，人生也在寂寞中進入更高的境界。

篇四

寂寞是一方生命熟成的完美

即便我們還沒能大徹大悟，如果每天都能在這安然的寂寞中靜靜地思索人生，思索生命，並能有所收穫，那麼，我們才會一點點接近人生的真諦，一點點逼近生命的價值。

寂寞伴隨在我們左右，擁有寂寞的人可以看清塵世的浮華和躁動，心緒也會變得平靜和安然。對寂寞保持一份平和的心態，我們的心才能更為豁朗，思索才會更為深刻和真實。

接受寂寞不等於逃避，不等於與世隔絕，不等於自暴自棄，不等於自欺欺人。

人生在寂寞中成熟，寂寞為人生之樹的開花結果提供了必要的養分。一個不能理性對待寂寞的人，就像一棵得不到足夠養分的果樹一樣，難以在秋天的收穫時節及時成熟，結出碩果；一個成熟的人懂得怎樣對待寂寞，不會在空虛和無聊中浪費自己的獨處時光，他會抓住寂寞時光，思考生活的真諦、人生的意義，不斷豐富自己的精神世界，讓自己變得更為強大。

成功的人也會寂寞，但寂寞卻是與他心靈對話的朋友。

全然接受寂寞，締造至高人生境界

寂寞是如同死一般沉寂的黑暗，在這樣的寂寞中，我們的思緒超越了平常的所思所想，開始了另一番思索；在這黑暗的沉寂中，一切都恢復了平靜，沒有了白日的喧囂和躁動，心也如一潭清澈的泉水，收起了漣漪，不再搖動不止。在這如夢幻般的平靜和空靈中，我們的心靈開始遠離所有的欲求和牽掛，世界似乎以另一種方式呈現在我們面前——既熟悉又陌生，讓我們捉摸不透。不過，在寂寞的夜空中，智慧的星光正熠熠生輝，它將這漆黑的夜變得朦朧。雖然朦朧，但卻更為真實。**只有那些平靜接受這如黑暗一般沉寂的寂寞的人，才能在智慧的星光下看清這個更為真實的世界，才能以另一種角度去認識世界、感悟人生。**

晚清著名國學大師王國維在《人間詞話》中將人生的境界歸納為三種：第一種

是「昨夜西風凋碧樹，獨上高樓，望盡天涯路」（晏殊，《蝶戀花》）；第二種人生境界是「衣帶漸寬終不悔，為伊消得人憔悴」（柳永，《蝶戀花》）；第三種人生境界是「眾裡尋他千百度，驀然回首，那人卻在，燈火闌珊處」（辛棄疾，《青玉案．元夕》）。

王國維借用詩文來概括人生的三種境界，使其顯得唯美而充滿意蘊，後人對此的解說也是五花八門，仁者見仁，智者見智，對這三句詩我們完全可以有自己的理解。王國維用這三句詩來形容人生的三個不同階段，而他將人生的最高境界歸結在最後一句詩裡，即「眾裡尋他千百度，驀然回首，那人卻在，燈火闌珊處」。從這句詩中，我們可以看出，這裡存有一個頓悟的意涵——**「驀然回首」讓我們從另一個角度、另一種方式、另一種態度看到了自己苦苦追尋的理想之所在，至此人生達到澈悟的境界**。

人生在世，需要奮鬥，需要有所追求，但並非每個人都能順利實現自己的理想，有些人歷經劫難後仍然沒有收穫成功，是不是這樣的人生就是失敗的呢？

這樣理解人生顯然就太過狹隘了。其實，人生有很多種可能，收穫也有很多種，並非實現了理想才叫做成功，如若將人生看作是一個過程，即便沒能成功到達目的地，我們也收穫了路邊的風景；有這一路風景的陪伴，大部分時光我們都是快樂的。如果眼睛只盯著目的地，即便我們最終成功到達自己的夢想之地，人生的快樂也是短暫的。

從某種意義上來說，人生就是一個不斷經歷、不斷體驗的過程，這些經歷和體驗有歡樂、也有悲傷，有得意、也有失意，有真實、也有虛假，但無論是讓我們喜歡的、還是厭惡的，它們都是人生的一筆寶貴財富；從這些經歷和體驗中，我們得以深刻地體驗人生、體驗成長、體驗這個真實的世界，**如若我們能用智慧參透這些體驗，從凡此種種體驗中獲得頓悟，我們就能得到人生的真諦**，這就是我們人生最大的收穫，人生的意義將因此而豐富和充實起來。

因而，我們需要全然地接受人生經歷的種種，而後在如黑暗般沉寂的寂寞中，打開智慧之眼，向內觀照，好好領悟其中的人生意義；你將**從這種思索和感悟中**，

收穫真知和正念、收穫釋然和自在、收穫淡定和從容、收穫快樂和平靜，寂寞將因此而成為你收穫的時刻，像溫和輕柔的季風，將田地裡的莊稼催熟，又像梅雨時節的細雨，豐足了樹上果實的滋味。

能夠全然接受寂寞的人，就能全然接受人生經歷的種種，這些或苦或甜的體驗都成為他們心靈酒窖中發酵美酒的最好材料，寂寞是催化劑，最終釀造出來的美酒將異常芬芳。這濃郁醉人的香氣足以超越短暫的當下，飄進未來，讓你品用不盡。

全然接受寂寞是一種極高的人生境界，這人生境界正如王國維所說「眾裡尋他千百度，驀然回首，那人卻在，燈火闌珊處。」沒有那「眾裡尋他千百度」，沒有那「衣帶漸寬終不悔，為伊消得人憔悴」，沒有那「獨上高樓，望盡天涯路」，就不會有這一驀然的回首，更不可能在燈火闌珊處找到「那人」。

由此可見，**全然接受寂寞，以自然、從容的心態看待這寂寞，任種種亂人的心緒在心裡碰撞、破碎、交融，而後沉澱、澄明，我們才能在剎那間的頓悟中，接近人生的真諦，得到人生的智慧**。在這智慧的幫助下，我們開始寵辱不驚，開始熱愛生活，開始擺脫曾讓我們牽腸掛肚、心亂如麻、心神不寧的種種思緒，實現對人生、對生命的超越。這正是我們渴望實現的那種人生境界。

接受寂寞不等於逃避、不等於與世隔絕、不等於自暴自棄、不等於自欺欺人，相反，**那些不敢面對寂寞的人才是可悲的，因為他們害怕見到那個已被自己貼上失敗標籤的自我**，害怕那些生活、工作上的不如意所帶來的痛苦、失意、彷徨、茫然、憂傷、抑鬱等，害怕自己被這些惱人的心緒所包圍、所困擾，令我們無法從中掙脫。

面對最真實的自我是需要勇氣和力量的，一個能夠直面自我的人，必將有助於增強自我的信心和增加我們智慧，這也必將促使自己的思想得到昇華。

接受寂寞的人，都是敢於剖析自我、拷問自我的人，都是敢於面對各種傷痛和失敗的人，都是能夠勇敢地去認識這個真實的世界、糾正頭腦中各種妄念的人，都是敢於肯定自我、在失敗中振作精神的人。他們開導自己，但並不是將理由歸咎於外在和他人身上；他們相信自己，卻不會用虛假的表象來欺騙自己；他們勇於接受現實，卻不會就此而自暴自棄；他們在失敗中看到成功的希望，在逆境中看到的是未來的曙光。

人們之所以害怕那些惱人的心緒，害怕寂寞，就是因為無法容忍期望與現實之間的巨大反差，無法看著自己在貧窮中度過一生，這使得他們難以接受現實、接受自我，各種苦惱也因此而來；**全然地接受寂寞，雖然不能因此而改變現狀，但卻使我們對現狀報以坦然和正確的態度**，既不過度歡喜，也不過度悲傷，靈魂和思想因此而得以昇華，我們也能更正確地看待人生、看待得失。

寂寞是一種崇高的人生境界，思想在寂寞中得到昇華，靈魂在寂寞中得到洗滌，智慧在寂寞中得到啟迪，人生也在寂寞中進入更高的境界。

寂寞伴隨我們左右，擁有寂寞的人可以看清塵世的浮華和躁動，心緒也因此變得平靜和安然；對寂寞保持一份平和的心態，我們的心才會變得更為豁朗，我們的眼才變得更加明亮，我們的思索才變得更為深刻和真實，思想也將因此而改變——我們不再執著於過去的恩恩怨怨，不再執著於往昔的挫折和失敗，不再執著於自己的遭遇和不幸，不再執著於對未來的憂愁和恐懼，不再執著於自己的傷痛和陰影；**最終，我們從寂寞中改變那個難以擺脫各種糾結的自我，開始新的生活，開始新的自己**。

在寂寞中，我們浮躁的心靈回歸恬靜，這份恬靜讓我們回歸到更真實的自我，打開一個只屬於自己的純淨空間，心靈在這裡得以自由翱翔，無拘無束。在寂寞中，我們可以對構成「自我」的所有觀念、所有思想、所有認知都進行反思，這會幫助你發現那個真實的自我，發現一切糾結的根源；**自我在這份恬靜中展露出來，就像平靜的湖面映照出天空的影像一樣，在波瀾不止的湖面，是沒法看清天空的本來面貌**，因為它已被起伏、晃動的湖面不停地扭曲、撕裂、擠壓、掩蓋，一切都在不停地幻滅、演變、流動，只有當一切都歸於平靜，才能一一展現天空的湛藍、高遠和深邃，雲朵的潔白、綿軟和亮麗。

我們因此會發現，那個一直隱藏在我們心靈深處的朦朧而又真實的自我，看清被世俗觀念所感染、蒙蔽、牽引的自我，看清心底的湛藍，看清內心的光亮和純潔。如果，沒有這份恬靜，我們就看不清那個一直變動不止的自我，看不清是什麼驅動了我們的情緒、促發了我們的行為，我們也難以從這種被動的局面中擺脫出來，不能控制自己的人生。

由此可見，寂寞是一種崇高的人生境界，只有全然接受寂寞的人，才能更好地認清自我，更好地改變自我，也才能真正把握住自己的人生，做到不以物喜、不以己悲，在從容和自在中走好自己的人生大道，不被外界的名利所牽絆，他們更懂得珍惜那一路美景，珍惜心中的那一片寂寞和這寂寞中的恬靜。

思想在寂寞的沉思中日趨成熟，生命在寂寞的沉思中充滿激情，人生在寂寞的沉思中色彩紛呈。**在寂寞中蛻變吧，這正是我們要追求的人生境界**。

學會欣賞寂寞這方美景

人們常說，只要你有一雙善於發現的眼睛，你會看到生活中處處都有美麗的風景。

的確如此，快樂的人之所以有揮灑不完的快樂，正因為在他們的眼中，生活中到處都有美麗的風景，到處都有讓人賞心悅目的事情；這提醒我們，只要我們有一種樂觀、積極的心態，美景則無處不在、無時不有，每個人、每件物都是一道風景，只要我們換個角度、換個思維，就會看到美麗從四面八方折射出來。

同樣，**寂寞也是人生中一方美麗的風景**。但寂寞這風景非比尋常，你永遠都看不完、賞不盡，每次你都能看到新鮮、收穫驚喜；這風景如此博大、如此醉人，真可謂美不勝收，學會欣賞寂寞，你的心靈將在這道風景中體驗輕鬆、體驗愉悅、體驗深邃的寧靜、體驗震顫的狂喜、體驗你從未有過的心靈衝擊。

寂寞的風景如此壯觀、如此廣闊，就像你登上高山之巔時所感受到的那份震撼一樣，但這並非每個人都能親身體驗到、親眼看到，因為這道風景只有在高山之巔才能一覽無遺，這時我們才能將這壯觀、廣闊盡收眼底。攀登這座高山需要我們擁有毅力和勇氣，需要我們勇敢面對、不逃避，需要我們耐心、堅韌；攀登山頂的過程就是一個磨礪身心的過程，這種磨礪有時很辛苦，有時會讓我們備受煎熬，**只有我們默默地接受這一切、忍耐這一切，才能在思維、智慧、決心這一副繩索的幫助下，成功登上山頂**。

許多人畏懼這高山的險峻，畏懼登山途中無可避免的傷痛和折磨，畏懼登上山頂後看到的景色與幻想中的情景南轅北轍，因而不願攀登這座大山，那自然也不可能看到那山巔震撼人心的風景；還有一些人只登上了半山腰，就不再向上攀登，他們對這半山腰上的風景已經滿足了，不願再忍受那份煎熬，因而放棄了繼續登頂。

寂寞這道風景就這樣被許多人錯過了，他們用另一種景色來滿足自己，那景色由濫情、刺激、遺忘、瘋狂等構成。結果，他們所在的高度決定了他們的短視和昏聵，眼前的種種誘惑擋住了他們的視線，他們就這樣生活在另一道風景裡，這風景中陰雲多於陽光，悲痛多於歡欣；雖然他們努力以各種方式蒙蔽自己的雙眼，欺瞞自己的理智，想讓眼中的陰影少一點，但這並不能奏效，陰影還是不變似的遮在他們的世界中，越來越多、越來越厚。

我們當然不希望自己生活在這道烏雲密佈的風景中，但許多人又不堪忍受攀登山頂的種種折磨，況且他們從來沒有體驗過山巔之上寂寞的風景是怎樣的；見識過那道壯麗風景的人也很難向他們描述那道風景，因為每個人的攀登都只屬於自己，見到的風景也都與眾不同——所以，很多人似乎因此對那山頂上的風景失去期盼和興趣，結果，寂寞的美就這樣被世上大多數人給忽視了。

寂寞之美，只屬於登山者自己。這道風景不需要與他人分享，不需要讓他人欣賞，它是一片只屬於自己的天地；有時，這道寂寞的風景勝過世間其他美景，哪怕是一瞬間，都足以打動你的心。

只有我們甘於寂寞，品味寂寞，才能登上山巔，飽覽寂寞中的那道美景。這道美景不是由物質構成，而是由精神構成的，它並非那麼容易觀瞻，因為世人的眼睛常常被現實世界中另一方由物質構成的風景所吸引、誘惑，而不去探求心中那由精神所構築而成的風景。最後，物質的風景就成了他們唯一在意、唯一追求的，也就完全遺忘了那一方寂寞。

這是一個物質財富讓人眼花繚亂的時代，人們被世俗的人生觀和價值觀挾持著，滾滾紅塵中向著那道乍看下耀眼的物質風光蜂擁而去，在此過程中你推我擠，互不相讓，給那道風景更增添了一抹塵埃；雖然擁擠，雖然塵土飛揚，但人們仍然爭先恐後，沉醉其中。在物質的風景中，有洋洋得意的、也有黯然神傷的，有屢敗屢戰的、也有向隅而泣的，追逐那道風景的大軍本身就成了一道風景，似乎比那道物質風景更為壯觀。

而那些追求精神風景的人，在這個時代似乎成了另類，成為讓人們所不齒的一群人；但只有他們自己知道，自己的這種追求更有價值、更有意義，而且，這個過程只有那些敢於面對人生的人才能堅持。這個過程不比追逐名利更容易，但卻更艱辛、更需要智慧和勇氣，所以，這個過程也只有那些堅強的、不逃避的人才能最終完成。

他們在一條與世俗大道完全相反的小徑上跋涉，世俗大道因擁擠而充滿苦悶、失意和茫然；而這條小徑則因為形單影隻、因為陡峭和曲折而充滿艱辛，選擇這些小路的人只能在孤寂中向前探索。有時，他們會有一種置身荒野的冷峭，那裡自由自在地生長著無名的野草和灌木叢，一切都是那樣自然而隨性，不像世俗大道兩旁那些金光閃閃的人造美景，到處都是四射的光芒和繽紛的色彩；在荒野上吹來的是從遠方長途跋涉而來的勁風，或溫暖、充滿大海的鹹味，或寒冷、滿是犀利和刀割般的感覺。

但寂寞這道風景並非總是如此，因為人們終究會越過那片荒野，登上精神世界的山巔，會將世界看得清清楚楚。此時，我們會發現，原來那些物質構成的風景只存在於這廣闊豐富世界的一個小角落，世上還有許許多多比它更為壯觀的景色。

能夠領略寂寞這道風景的人，都是對寂寞保持了一份隨和心態的人。他們讓寂寞來，讓寂寞走，一切都是如此自然、如此隨心，既不強求，也不躲避，而是坦然面對這一切；達到這種心境的人，也多半是拿得起、放得下的人，他們不會刻意追求名利地位，不會為了這些而去掩飾、去表演、去違背心願做自己不願做的事情。這是一種難得的平和淡定的心態，他們能坦然地接受平淡的生活，又在平淡中活出不平淡，因為這平淡磨礪出了他們的堅韌，磨礪出了他們的自律，磨礪出了他們的忍耐，這些可貴的品性將幫助他們實現真正的願望。

一位學金融的美國大學生懷有一個遠大的夢想，希望畢業以後能闖進華爾街，成為一名成功的投資大師。他很羨慕游走於華爾街的那些投資大師們，看到他們因過人的智慧和獨到的眼光輕鬆賺取億萬財富，他想，難道世上還有比這更美好的工作和生活嗎？

雄心萬丈的他為籌措學費，順利完成學業，便趁著假期來到一個飯店打工。他在一家普通的飯店裡找到了一個洗碗工的工作，雖然自己很不情願，但他還是忍耐下來。在他心中，為了實現自己的既定夢想，他願意為之做出任何付出和努力，即使做像洗碗工這樣的活，他也可以忍受。

這裡的大廚是一個年近四十歲的中年人，他為人隨和，熱愛自己的工作；大家發現，他總是愉快地工作，並將自己的這份快樂傳遞給在這裡工作的每個人，無論是經理還是清潔工，是服務員還是洗碗工。很快，這位年輕的大學生就認識了主動和他攀談的大廚。大廚問他為什麼來這裡工作，他脫口就說：「掙錢啊！我要順利完成學業，然後向華爾街進軍。我的志向是成為一名成功的投資大師，我要用自己的智慧換來大筆的財富。」

大廚聽了年輕人的這番話，先是一愣，而後恢復了往日的愉快神態說：「年輕人，你的志向很遠大啊！但你有沒有想過，在自己的內心深處，什麼才是真正能讓自己感到快樂的呢？」

年輕人低頭不語，因為他確乎沒有認真想過這個問題。他原以為實現自己當投資大師的夢想就是自己最開心、最愉快的事，但此刻，面對大廚的質問，自己卻變得猶豫起來。大廚接著說道：「年輕人，實話告訴你，我曾經在華爾街的投資銀行工作，雖然收入可觀，但那份工作並不讓我感到快樂；每天晚上，我都拖著疲憊的身子孤身一人回到租住的昂貴屋子裡，沒有人跟我說話，我也沒有多少成就感。那份工作在我看來是那樣枯燥和乏味，整天都在跟資料打交道，而許多華爾街人士為了撈取巨額財富，甚至不惜造假和欺騙公眾，我對此深惡痛絕。有一天晚上，我加班加到凌晨一點才把工作做完，當我離開辦公室時，我就決定，我要離開這個讓我討厭的鬼地方，做我真正感興趣的事。第二天，我就辭職不幹了，然後開始尋找廚師的工作，因為這才是我最感興趣的工作。」

年輕人聽到這裡，驚訝不已，就連他看大廚的眼神都發生了變化。大廚繼續說道：「我從小就喜歡做各種美味的料理，我媽媽就是一個廚藝精湛的人，她做出來的食物總能讓全家和來我家的客人讚不絕口。每當媽媽準備食物的時候，我就跟著她進廚房，久而久之學會了許多烹飪的技巧。現在，我每天都很愉快，看到大家如此喜歡我做的東西，我感到很自豪。」

年輕人聽完後默默地點頭，陷入沉思之中。

現在看來，這位廚師的收入可以說是大幅縮水，但他卻比之前活得更輕鬆、更快樂，這讓年輕人感歎不已。我們都忙著去追逐財富，卻忘了心中最快樂的事情，這樣的人生怎能輕鬆自在呢？**如果我們能夠習慣寂寞，保持一份平和淡定的心態，不為名利所惑，我們就能返璞歸真，滿足自己真正的心願，也獲得真正的快樂**。

世間之事，變化無常，而我們的希冀就像撒在空地上的種籽，總盼著它能開花結果，美夢成真；可一旦事情的發展不如心意，往往就會憑空增添無數愁苦。如果我們能抱著平和淡定的心態看待這一切，對寂寞保持一份隨和的態度，就能自在許多。在淡定和從容中，我們或許才會收穫意外的人生美景。

懂得欣賞寂寞風光的人，身上會有一股淡淡的憂鬱氣質，這樣的人，看上去似乎落落寡合，但他們卻是最懂得生活、最懂得珍惜時光的人。他們常常一個人徜徉於精神的天地，如同莊子說的「獨與天地精神往來」，雖然寂寞，但並不空虛，甚至還非常快樂。在孤寂冷清的寂寞長夜中，他們很平靜，他們總能在這孤寂中收穫許多人生智慧，這常常讓他們非常興奮。俄國詩人*普希金曾說：「我獨自躲在書房裡，但卻並不悲傷。我常常在一片驚喜之中，把整個世界遺忘。」一個真正習慣寂寞，懂得品味寂寞的人，是不會感到無聊和空虛的。

懂得欣賞寂寞風光的人，會有一種常人難以超越的自我克制能力，他們對外界的誘惑擁有更強的抵抗能力；雖然這種克制常常會削弱他們身上的某種激情，但卻為他們贏得了另一種可貴的特質——堅忍不拔。**擁有這種自我克制能力的人，往往心思細密，感情豐富，是懂得真愛的人**。

懂得欣賞寂寞這道風景的人，都是擁有耐心、善於等待的人。他們不會急於求成，而是**享受每一件事情的過程，在這過程中成長、在這過程中收穫、在這過程中調整、在這過程中體驗、在這過程中快樂**。等待並不是消極的，並不是什麼事都不做，而是知道萬事總有因緣、不可強求的智慧；等待是明白時間到了，就會有所收穫的從容；等待是一份閒適，是一種安然。不知道等待的人，會將自己投入焦躁的烈火中煎熬。

人生在世，總會經歷曲折和苦難。在幾經浮沉之後，我們早已傷痕累累。但許多人並沒有從中認識到人生的真正意義，他們有的只是期望沒有達成的苦悶和煩憂，早已忘了曾經的美麗、忘了自我的真性情、忘了童年那種純粹的快樂；他們的眼裡被閃著金光的財富占得滿滿的，絲毫容不下其他任何東西。

我們的一生經歷了許多，但這或苦或甜的經歷也許並沒有被我們當成是財富，我們沒有在寂寞的時候好好挖掘、好好領悟；沒有深刻的體會，我們就不會有所領悟。我們除了在現實中去靠自己的雙手獲得物質財富以外，還要在寂寞中反思自己的種種經歷，在那些已經經歷和正在經歷的事情上認真思索，去收穫精神的碩果——這筆財富遠比物質財富更為寶貴，也更有價值。

*普希金（Александр Сергеевич Пушкин，一七九九年至一八三七年），十九世紀俄國浪漫主義文學代表。俄國最偉大的詩人，現代俄國文學的奠基者。

寂寞是一方美景，唯有那些學會品味寂寞的人才能體會到其中的箇中滋味。寂寞這道風景讓我們超然於物外，在遠離世俗的浮華中找到精神家園，在寂寞中，自有融於世俗卻又不等同於世俗的美。**當我們心中所有的經歷在歲月中沉澱了其中的美好與苦痛後，就會開出世上最美麗的花朵**，而只有能夠在寂寞中等待的人，才能欣賞。

總之，我們要懂得欣賞寂寞背後所蘊藏的那絕世美景。儘管這並不容易，但這道風景卻絕對值得我們為之付出艱辛甚至煎熬的探索。

珍惜寂寞時光，在寂寞中修補心靈

時光如白駒過隙，一閃而過，人生也一刻不停地跟著這飛逝的時光消逝。人生苦短，每個人的時光都是自己的生命燃燒而成，如同蠟燭一刻不停地燃燒才能持續地發出光亮驅趕黑暗一樣——「時間就是生命」，這句話一語道破了生命的本質。

時光以持續不斷的步伐堅定地向前走著，而在我們的感覺中，時間過得卻有快有慢。在難眠的夜裡，人們常感覺夜是那麼漫長，總也盼不到天明；而在好友相聚，相談甚歡，或三五人一起愉快活動時，會感覺時光過得飛快，眨眼就到了分別的時候。

人在寂寞時，總感覺時光的腳步是那麼遲緩，就像一位白髮蒼蒼的老人獨自拄著拐杖在蹣跚挪步一樣，彷彿總也到不了近在眼前的那個路邊長椅。我們的時光好像就這樣被寂寞拉長了，但實際上，這只是我們內心的空虛、無聊在作怪，是它們讓我們無法忍受寂寞的時光。

寂寞是難熬的，所以寂寞的時光顯得如此漫長。心理學中有一個實驗：一群人被要求在半小時內什麼都不做，只是靜靜地待著。結果，百分之五十的人竟然十分鐘都沒能忍住，情緒也開始失控起來；百分之三十的人在過了十五分鐘的時間後，開始抓耳撓腮，小動作不斷，情緒也變得越來越焦躁不安；只有百分之一的人堅持到了最後。當這百分之一的人被分別詢問自己是怎麼度過那半小時的，他們都回答說，自己思考了某件事——看來，**是思考這項精神活動讓他們度過了那「難熬的漫長半小時」**。

從這個實驗中，我們可以看出，人在清醒的時候很難在一段時間內停下來什麼事都不做，我們會在這種無所事事中感到焦躁、痛苦，只有借助一些活動，哪怕是純粹的精神活動，才能順利度過這一短暫的時光——或許這就是寂寞的終極表現，這也在一定程度上回答了寂寞如此難熬的原因——雖然這種狀態不過只有十分鐘，

但沒人能在這短短十分鐘裡真正什麼事都不做。在寂寞的狀態中，人們感覺時光過得極其緩慢。

上述的心理學實驗證明，**人不能讓自己的生命空耗哪怕是一秒鐘**。

我們必須合理地安排時間，因為時間就是生命，生命不能容忍虛度。**我們只有像珍惜最美好的時光一樣來認真對待每一秒的寂寞**，才能過好寂寞中的生活；能否對寂寞中的時光保持認真的態度，不僅關係著我們能否避免空虛、無聊以及各種煎熬，而且關係著我們能否在這看似惹人厭煩，實則蘊藏著無限靈感的寂寞時光裡得到人生最有價值的收穫。

人生中的寂寞時光就如同一把雙刃劍，用得好可以幫助你斬除一切苦惱情緒的病根；用得不好，它就會用另一面的利刃一點點剜刮你脆弱的心靈，讓你的心滴血不止。因而，寂寞的時光看似是無用的，實則是寶貴的；寂寞的時光看似是漫長的，但其實是短暫的；寂寞的時光看似是產生糟粕的，但卻是萃取人生精華的。寂寞的好與壞，完全取決於你以何種眼光看待這段時光，逃避與坦然面對將得到截然不同的兩種結果。

在懂得自我反省、自我修行的人看來，寂寞是人生中最寶貴的一段時光。在這段時光裡，你可以通過思索、通過自我解剖，修復過往經歷對自己造成的心靈傷痛，改變以前經歷對自我的錯誤塑造，革新對自己、對他人、對外在的事物的荒誕看法；這樣一來，你才會消滅各種不良情緒產生的根源，讓自己的心獲得寧靜，並在寧靜中重新審視生活、審視生命、審視自我，發現生活和生命中的美，找回曾經那個簡單而又快樂的自我。

寂寞是人生中的一堂必修課，我們唯有學會坦然面對寂寞，才能真正領悟人生、領悟生命。如果你還在逃避寂寞，如果你還在寂寞中痛苦不已，受盡煎熬，那說明你的這堂課還沒有合格。現實中的寂寞這堂課，你必須通過，不能耽擱；而且，這堂課如果不及格，你的生命、你的人生將會在渾渾噩噩中度過，到老你都無法明白這一輩子的目標究竟是什麼。

解開枷鎖，寂寞不再可怕

很多時候，人們之所以覺得寂寞難耐，覺得自己有無盡的煩惱無法擺脫，容易在不知不覺中陷入痛苦——這其實都是因為自己的意念捆住了自己的手腳，捆住了自己的心靈。為此，我們總是向外尋找解開繩索的辦法，殊不知自己才是解開繩索的最佳選擇。

有一個年輕人總是心情不好，一天，他獨自一個人出去散心。他沿著一條陌生的小路一直往前走，路邊風景宜人，但卻絲毫不能改善他煩悶的心緒，他想，必須要有一個辦法來擺脫這種莫名的寂寞和煩惱。於是，他開始嘗試各種方法來讓自己高興起來。

不知不覺間，他來到一個長滿青草的小山坡上。在滿眼的碧綠中，他看到一頭牛正在那兒悠閒自在地吃著草，而不遠處一個小男孩躺在柔軟的草地上正吹著笛子，悅耳的笛聲順著清風向他這邊飄了過來。他想，那個放牛的小男孩此刻肯定很快樂，何不去問問他為什麼那麼快樂呢？

於是他向那個男孩走了過去。男孩聽完這個年輕人的訴求後，便請他和自己一起放牛，一起吹笛子，說自己就是這樣變得無憂無慮的。他愉快地接受了。可是，儘管和他小男孩做著一樣的事情，卻始終感覺不到心中有快樂在蕩漾。於是，他告別了這個放牛的小男孩，繼續向前走去。

他來到一條小河邊，在潺潺的流水聲中，發現一個老翁正坐在河邊的一棵柳樹下釣魚，看上去很是怡然自得。於是，他又走到老翁身邊，向他詢問如何才能快樂。

老翁說，自己幾乎每天都到這條小河釣魚，不管有沒有釣到魚，他都很開心，因為他是為了這裡的美景而來的。老翁勸他和自己一起來釣魚，或許心緒就能漸漸平靜下來。於是他也試著在那裡釣了一會兒魚，但很快就開始煩躁起來，他認為這並不能解除心中的煩惱。於是，他向老翁告辭，起身離開了這裡。

他不停地向前走，心緒還是那麼糟糕。在穿越一片竹林時，他碰到了一個在這裡獨自下棋的老人。他原本並不打算理會老人，正要繼續前進時，沒想到老人卻看出這個年輕人的煩躁，不但叫住了他，還告訴他在這個竹林的西邊有一個幽谷，裡頭住著一個智慧老人，或許能夠幫助他。

年輕人聽他這麼說，變得高興起來，道謝之後，就朝那個幽谷走去。幽谷很深，兩邊樹木茂盛，野花遍地，谷中霧氣彌漫，甚是奇異。他找了很久，終於在一個大岩石下找到了那個智慧老人。他向老人說明自己的來意，希望智慧老人能幫自己擺脫煩惱。

智慧老人停下手邊的活，不過並沒有馬上回答年輕人的疑問，而是反問道：「年輕人，有誰捆住了你的手腳嗎？」年輕人不解智慧老人怎麼會問如此奇怪的問題，於是答道：「沒有誰捆住我的手腳啊。」

智慧老人聽聞此言，笑著說道：「既然沒有人捆住你的手腳，你又何必尋求什麼解脫呢？」

這時，年輕人才猛然醒悟：「原來是我自己捆住了自己！我所有的煩惱都是自己製造出來的，我知道該怎麼解脫煩惱了！」於是，年輕人拜別智慧老人，快樂地離開幽谷，回家去了。

煩惱都是自找的，只要放下心中偏執的念頭，給自己鬆綁，煩惱自然就會煙消雲散。這樣，寂寞也不再是我們恐懼的敵人了。

天下本無事，庸人自擾之。世人經常害怕寂寞，害怕面對現實，害怕去想未來，其實，大部分困擾都是毫無緣由的，它們源於人們內心的羈絆。所以，**當你感到憂愁、煩悶時，在寂寞中靜下心來好好自省，不要活在自己假設的陰影之中，更不要給自己套上無形的枷鎖。**

體會孤獨，保持一顆淡漠的心

孤獨是人生的難題，孤獨是生活的常客。我們每個人都只是一個孤單的個體，一個人無論走到哪裡都是一個獨立的人，孤獨也需要邂逅，邂逅孤單、邂逅憂鬱、邂逅寂寞……

當自己是一個人的時候，會以為自己是一個人所以才孤獨，會因為孤獨而想要找一個人陪伴；但當你找到那個人的時候，你還是會覺得孤獨，因為孤獨並不是有人依靠便會淡去的。

有人說魚兒最孤獨，牠們的眼淚把大海填滿，所以海水是鹹的。而在城市奔波的人們，他們就像大海裡的魚兒，游來游去，事業、家庭、感情的各種壓迫隨之而來，他們像魚兒一樣落淚、一樣辛酸。黑夜則是包容的色彩，包容他們的孤獨。當第一縷曙光來臨的時候，晨曦將黑夜驅散，睜開眼，所有的彷徨無措將被掩埋，包括孤獨。

因為空虛所以孤獨，於是人們為自己定下目標，去追逐那些可以充實靈魂的東西，比如金錢、名利、愛情等。但在追逐中又會產生孤獨，也許，等到真正得到的時候反而已經沒有太多喜悅。

每天為了生活奔波的人們，免不了勞累，每天重複著相同的忙碌，為了生活而煩惱，在身心疲憊中過著自己的生活。只有懂得享受生活的人才不會孤獨。

「**菩提本無樹，明鏡亦非台。本來無一物，何處惹塵埃。**」炎熱的天氣裡，我們總能在老人那裡聽到一句話：心靜自然涼。而孤獨也是一樣，只有內心平靜了，你的心才會於寂寞中平靜如明鏡，彼時，你會忘記世俗的紛雜；用心去品味生活，你才能體會到生命的意義。

生命就是去經歷體會這個世界的過程。

當今社會，生活與工作的壓力會讓沉不住氣的人變得浮躁。因為這些壓力，處

在壓迫狀態下的人們，不得不在孤獨中忍受各種煎熬，因此，「甘於淡漠，樂於孤獨」就成為值得深思的話題。

淡泊名利，寧靜致遠。淡定是一種修行，是一種品性，但能夠甘於平淡的人，卻不一定能忍受孤獨，因為孤獨更是一種內心的自我折磨。所以，當你能夠樂於孤獨、體會淡漠時，那就到達了一個人生更高的境界。就像一個藝術家，他的創作往往要在一個孤獨的、忘我的環境裡，帶著一顆完全崇尚藝術而不是功利的動機，這樣才能完全地投入，創作出獨一無二的作品；又如一位作家，他的每一篇佳作都需要靜靜地完成，而不是純粹想著這本書能賣多少錢。這就是一種甘於淡漠的心態、一種樂於孤獨的心境，這就是一種崇高的境界。

在處理事情時，需要深入的思考，拒絕浮躁。人一旦變得浮躁，心就不會靜，思想就會飄散，想著亂七八糟的事情，人也變得煩躁，在不好的狀態下是不可能耐下心來去完成一件事情的；人們會浮躁，往往是因為想得太多，不能淡漠，對事物的冷漠有時能促進自己的成長，更有效地發揮自己的能力。

無庸質疑，孤獨雖好，但有時會讓人喪失信心、失去方向。但如果我們能夠換一個角度想——孤獨是一種磨煉，是修身養性的幫手，能讓我們的心更向著自己的目集中精力，讓自己更有效地發揮自己的能力，從而使自己獲得更大的成功。

孤獨與淡漠，是一種美好的心態。當自己一個人很孤獨的時候，很容易想起自己的過去、自己的失敗、自己的待人接物，如果能保持一顆淡漠的心，你就不會去埋怨曾經的坎坷。因為生活中我們有太多的不甘，總喜歡爭強好勝，總喜歡去計較公平與不公平，總習慣於去強迫自己做自己不喜歡的事，總是為了一些利益而不敢前進，總是抱有一種不滿的心理……這種隨波於社會的浮華，這種近乎於無知的焦躁，唯有在孤獨中方能修煉成為一種淡漠、冷靜，才能收穫美好，從痛苦中醞釀芬芳。

人生在寂寞中成熟，在寂寞中收穫

成熟是一種穩定、睿智的人生狀態，也是一個人擁有良好社會適應能力的重要體現。許多人常常不能良好地適應社會步調，不能與他人建立穩定的人際關係，也不能勇敢地面對現實，經受不起生活的種種打擊，為了避免再次受到傷害，他們乾脆躲在角落裡。

成熟的過程就是一個在現實的霜雪中經歷磨難而後成長的過程；是一個在現實的摸索打滾中體驗現實、認識現實的過程；是一個在曲折和困苦中建立正確的人生觀、價值觀的過程；是一個不斷被打倒而後又站起，從而蓄積強大的精神力量的過程。如果我們在經受打擊和傷害後，沒有勇氣去面對；沒有全然接受寂寞與苦痛，進而反省自己、認識現實，就不能變得堅強、睿智，就不能建立起強大的精神世界。

在寂寞中勇敢地面對打擊，勇敢地對自我進行解剖，是我們變得成熟的一個必經階段。蠍子在從小到大的成長過程中要蛻很多次殼，每一次蛻殼的過程都非常痛苦，蛻完殼後都非常虛弱，但如果牠們不經歷這個痛苦的過程，就不可能擺脫那個束縛自己進一步長大的堅硬外殼，自己就只能永遠是那麼渺小，那麼柔弱，很容易被天敵吞吃掉。**人的成長過程也是如此，在寂寞中反思就是我們蛻變的一個過程**，這個過程有時候充滿痛苦，但卻是一個必經的階段。

成熟就是這樣的一個過程，充滿苦痛、掙扎、與煎熬，而且總是與寂寞伴隨。但成熟也是一個值得期待的狀態，就像在歷經嚴冬的沉寂、春天的勃發、夏天的酷暑、秋天的風霜之後日漸泛紅的果實一樣，沒有這四季的過程，沒有充分地吸取地下的養分，就不可能從酸澀變得甘甜、從弱小變得壯大。

成熟的過程是一個不斷覺悟的過程，成熟的過程也是日漸睿智的過程。

人的一生可謂喜憂參半，憂可以轉化為喜，喜也可以轉變成憂，只有我們保持覺悟，才能從諸多小事中獲得人生的大道理，在不斷地覺悟中走向成熟。

*《淮南子》上記載了一個塞翁失馬的故事。

靠近邊塞的地方住著一位老翁，他精通術數，善於卜算未來。一次，老翁家的一匹馬無故逃脫，似乎找不回來了。鄰居們都過來安慰老翁，誰知道老翁卻不以為然的說：「這件事未必也不是一件好事。」眾人大惑不解，但事情就這麼過去了。

沒想到幾個月後，那匹丟失的馬居然又跑了回來，而且還引回了一匹駿馬。此事真是奇異，一時間成為街談巷議的新聞。人們碰到老翁就向他道賀，而他此時卻又說了一番讓人們吃驚的話：「這件事或許是件壞事。」

果然，之後他的兒子因為騎馬時意外從馬上墜落，摔傷了腿，成了殘疾。於是人們又一次前來勸慰，讓他想開一點，沒想到老翁卻看得很開，他說：「這件事可能也是好事。」這下聽聞之人又都面面相覷，難以理解。

---

*《淮南子》，是西漢淮南王劉安及其門客八人，仿秦時呂不韋的《呂氏春秋》所集體撰寫的作品。梁啟超說：「《淮南子》匠心經營，極有倫脊，非漫然獺祭而已。」胡適評：「道家集古代思想的大成，而淮南書又集道家的大成。」

一年過後，胡人大舉進攻邊塞，朝廷徵調青年要他們保家衛國。這場戰爭十分慘烈，靠近邊塞的軍人傷亡更是慘重，十個中有九個都戰死沙場。而老翁的兒子卻因為從馬上摔下來成了一個跛子，所以免於徵調，父子倆也才得以生存下來。

這個故事給予我們的一個重要的啟示：**對生活保持覺悟，從損失和傷痛中看到積極面，從眾人以為大喜之事中看到不利面**。這樣一來，我們就能做到在遭受損失和傷害時不過分悲傷，在遇到所謂的「便宜」時也不過分得意，如此才能在大起大落的人生中始終保持一顆平靜的心。

一個時刻保持覺悟的人，就像這個老翁一樣，能在眾人的言語中保持清醒，看到常人所看不到的地方，這要求的正是**「獨立思考」的能力，不人云亦云，在思想上保持與眾人的距離**。如果你耐不住寂寞，這是很難做到的，因為只有耐得住寂寞的人，才會經常進行自我反思，獨立思考，才能看到常人所難以看到的趨勢。

人的一生就是一個不斷適應現實、適應社會的過程，對於每個人來說，這種體驗都是一個從無到有的過程；**我們會不斷地遇到新的困難、新的問題，這是人生的常態**。

因此，我們常說人生的道路是崎嶇不平的，有筆直的大道，但更多的是曲折的小路；有燈塔的指引，但更多的是容易讓人迷失方向的叢林；有開滿鮮花的平原，但更多的是佈滿荊棘的峽谷。有人會在路旁為你加油鼓舞，但也會有人對你冷眼旁觀甚至冷嘲熱諷；有人會在你登山的關鍵一刻伸出手來拉你一把，也會有人在你前進的路上為你設置障礙；有人會對你直言相勸，也有人會對你阿諛奉承、欺騙利用。當你抬起頭，將困惑的眼光投向遠方，想知道前面的路途中等待自己的是什麼的時候，沒有人能給你答案，你只能獨自一人去經歷、去冒險、去發現。**你的路只能你自己去探索，一路上，除了寂寞，沒有人會永遠陪伴在你身邊**。

在寂寞人生路上，我們需要保持覺悟，從每一次經歷、每一次體驗中領悟人生之路應該怎麼走。如此，我們才會在之後的人生道路上走得更平穩，雖然仍充滿未知和變數，但我們已經在覺悟中學會如何對待跌倒、如何對待未知的恐懼、如何對待傷痛、如何對待迷途，學會在覺悟中一點點成熟。

其實，人生就是一個不斷經歷，而後不斷感悟的過程。在這感悟中，我們學會欣賞沿途的風景，學會將苦難和傷痛當作命運賜給我們的禮物，從中收穫人生的智慧和真理；這樣一來，我們就能更輕鬆、更愉快地行走在人生的旅途上。世上難道還有比這更重要的事嗎？

只要你接受寂寞，學會在寂寞中思考和反省，你就會發現，生活中的很多小事都會帶給你人生的啟示，會讓你從中收穫甚多，讓你在之後的人生道路上走得更好。一滴眼淚、一抹憂鬱、一次笑容、一陣疼痛，細細品味、細細追索，你的感悟將揭開這背後的真知灼見，這些人生真理猶如晶瑩發亮的純潔珍珠，是你人生最大的財富。

覺悟與智慧相連，智慧是人類生命最偉大之處。誰如果不好好運用自己的智慧，他就不能領略生命的魅力，也不能感受到人生的快樂。在寂寞中保持獨立思考，讓智慧引領人生，理解到生活中有盼望就會有失望、有幸福就會有悲傷、有高興就會有痛苦、有愉悅就會有恐懼、有感動就會有厭惡、有平靜就會有焦慮、有從容就會有慌亂；正因為經歷過失望，才知道希望的可貴；正因為經歷過悲傷，才知道幸福的不易；正因為經歷過痛苦，才知道如何得到快樂；正因為體會過恐懼，才能更深刻地體驗愉悅；正因為知道自己厭惡什麼，才會為相反的東西感動；正因為焦慮的折磨，才學會如何獲得平靜；正因為慌亂的無益，才會在心中提醒自己要從容。

一個樂於在寂寞中自我反省的人常常能抓住人生的智慧，他們知道，把生命中的每一天過好，就是充實人生的最好方式；他們學會用心去對待每一個時刻，不斷地在自我反省中把所有消極的心理清除乾淨，用愉悅來填滿心靈，提高每一天的生活品質；他們細心地去品味生活中的每一個滿足和感動，無論它們是多麼微小，他們都能從中獲得快樂和寧靜；他們會為每一天辛勞過後的放鬆而感到滿足、他們會為妻子親手烹煮的一頓晚飯而感動、他們會為孩子的每一個微小成長而幸福、他們會為自己的每一次領悟而興奮、他們會為家人外出後的平安歸來而高興……**這些都**

不過是些平常小事，但他們總能從中感覺到愛和滿足，感受到生命的美好、生活的快樂。

擁有上述**智慧的人常常有著樂觀向上的人生態度，他們總能在痛苦中收穫成長，在失望中看到希望，在逆境中得到堅強，在失敗中看清成功的道路**。每一次精神上的折磨都會讓他們的精神世界變得更加強大，每一次寂寞的煎熬都能幫助他們改變那個以前難以接近的自我。他們做事謹言慎行，言必信，行必果，在追求理想中仍不忘保持一份豁達的心態，在創造財富中依舊不忘用儉樸來修身養性，在與人交往中還是會為自己留下獨處的時光，在遇到挫折和困難時也能主動走出去尋求幫助和支持；既在孤獨中學會獨立思考、反思自我，又知道如何與他人建立緊密而真誠的友誼，讓自己在遭遇打擊時始終保持足夠的勇氣和信心。

擁有智慧的人知道，嚴格要求自己與和他人建立親密、真誠的友誼是密切相關的。一個不知道嚴以律己、寬以待人的人，是不可能結交到真誠的朋友的，他也必定是一個害怕寂寞、不知道在寂寞中反省自我的人；一個能坦然面對寂寞的人，總是能以自身為出發點來探尋關係出現裂痕的原因，從而讓自己遠離自私和狹隘，對他人寬容大度，不斤斤計較。這樣的人同時也能得到對方的坦誠相見，與他人結下堅固的友誼，從而遠離寂寞，讓寂寞不再成為自己的敵人。

而那些不能與他人建立良好關係的人。常常害怕寂寞，不願在寂寞中反思自己，總認為關係不好是他人的過錯，認為別人理所應當要滿足自己、遷就自己，不能容忍自己受到一點傷害，在利益上受到一點損失。結果，他們**越是不願在寂寞中自省，越不肯面對那個自私的自我，就越是難以結交到真誠的朋友**，而知心朋友越少，他們也越孤獨，越害怕寂寞，從而陷入惡性循環之中，難以自拔。

耐得住寂寞是人生真正成熟的標誌。因為成熟的人都能夠全然地接受寂寞，都能夠在寂寞中覺悟，在寂寞中獲得人生的智慧，只有自覺地在生活的點點滴滴中感悟人生、思索人生的真理，才能更從容地面對人生的坎坷，修補內心的創傷，這正是人生成熟的真正體現。

一個成熟的人懂得怎樣對待寂寞，他不會在空虛和無聊中浪費自己的獨處時光，而是將其當成自我修行、自我提高的重要契機，當成超越當前的苦痛、超越塵世的各種羈絆的重要契機。他會抓住寂寞時光，思考生活的真諦、思考人生的意義、思考事業的成敗、思考自我的煩惱，不斷豐富自己的精神世界，讓其變得更為強大，不屈服於任何挫折和失敗。

每一個人都會有寂寞，但一個成熟的人只將其當成是自己與自己對話的一個理想狀態，他的自我修養及嚴以律己，會讓自己散發出十足的人格魅力，也因此，他的社會關係是豐富而堅固的。**寂寞只是自己一個非常特別的好友，與它坦誠相見，促膝而談，在這種真誠的交流與探討中深化對自我的認識，昇華自己的思想**，正確地認識這個現實世界，主動改變自己頭腦中與現實不相符的觀念和思維，更好地適應真實。

寂寞如春雨一般，「*隨風潛入夜，潤物細無聲」，它總是悄悄地來，而後在一片寧靜中滋潤我們的心田，讓久已乾涸的土地重獲生機，讓我們的心靈花園再次開放出五顏六色的花朵。沒有這如春雨般的滋潤，我們的心靈就將在虛無中枯萎，自然不可能結出成熟的果實。

寂寞就如農人撒入田間的肥料，它們融入在泥土中，我們的精神之花就在這飽含著養分的泥土中成長。沒有這肥沃的土壤，我們的精神之花就不可能健壯地生長，就不可能開出色彩豔麗的花朵，更不可能結出精神之果，供我們在軟弱之時食用以補充精神力量，幫助我們重新振作起來。

在寂寞中日漸成熟的人懂得看開，能看透開悟、明瞭世間萬事萬物沒有一樣是永恆不變的。人生的本質是在體驗中成長，目標設定後的體驗過程才是至關重要的，至於收穫什麼、得到多少，都可以不計較。所謂「只求耕耘，莫問收穫」，這才是快樂的智者境界！

*出自杜甫《春夜喜雨》：好雨知時節，當春乃發生。隨風潛入夜，潤物細無聲。野徑雲俱黑，江船火獨明。曉看紅濕處，花重錦官城。

在寂寞中為自己做主，領悟人生的快樂

能夠與寂寞安然相處的人是成熟的，而一個成熟的人將在寂寞中把握自己的人生。**一個人雖然難以確定自己的人生軌跡，但他可以調整自己的處世哲學，可以掌握自己的心態，可以探求自己的人生意義，可以決定自己的幸福和快樂**。寂寞能幫助一個人成熟，而耐得住人生寂寞的人，也將在寂寞中更好地掌握自己的喜怒哀樂，去求得人生的幸福。

西蒙是一份著名報紙的專欄主編。一次，他和朋友一起在街頭散步，當他們走到街角處的一個書報攤時，西蒙要在這裡買一份晚報。攤內的報販將報紙遞給了西蒙，西蒙接過報紙，語氣誠懇地道了聲謝，可這個報販卻態度冷淡、不理不睬。

「這個傢伙的態度真差！」西蒙離開書報攤後，朋友憤憤地對西蒙這樣說，可是西蒙卻不以為意的隨口說道：「他一向如此。」

朋友聽後有點不解：「那你為什麼還那樣客氣地向他道謝？」西蒙盯著滿臉困惑的朋友，告訴他：「為什麼我要讓他來決定我的言行、我的喜怒、我的生活呢？我自己的生活，我自己做主！」

朋友聽後，深有感慨。

是啊，自己的生活，自己的人生應該由自己做主。但我們常常在不知不覺中就讓外在、讓別人來決定我們的喜怒哀樂，影響了我們的生活。如果你能時常**在獨處時靜下心來反思自己的種種行為，看看自己的哪些行為、哪些情緒是受外界影響而產生的，或許你就可以找到一把掌控自我的鑰匙**。

記住，自我是一切的根源。當你感到憤怒，當你感到壓抑，當你感到不開心，當你整日心緒不寧時，你就該好好地反省這些情緒的來源了，因為你很可能正將自己的喜怒哀樂，自己的生活交給某個外在的因素來掌控，任其擺佈；這樣一來，我們又如何才能自己做自己的主呢？**當你把握住了自己的情緒，把握住了自己的生活，你才算是把握住自己的人生！**

人生會有得失，會有成敗，但你不應該讓外在因素來擺佈自己。否則，你就成了物質世界的奴隸。

有人曾經這樣問麥當勞創始人*雷．克羅克：「你是否喜歡免費的午餐？」他說：「我從不吃免費的午餐。」當人們問他為什麼時，他講了這樣一個故事：

美國加州的蒙特雷鎮曾發生了一場鵜鶘危機。

蒙特雷鎮是鵜鶘的天堂，生活著成千上萬隻鵜鶘，可是某一年，鵜鶘的數量卻突然銳減。這個奇怪的現象很快就受到民眾和各界人士的關注，人們紛紛對鵜鶘銳減的原因進行猜測。生物學家擔心是鵜鶘群中發生了新的禽鳥疫情，導致大量鵜鶘死亡；而環境學家則認為，這很可能是環境危機導致的結果，他們判斷是近海環境的污染已經超過了海洋所能負荷的範圍……各種推測一時成為輿論關注的焦點，蒙特雷鎮人心惶惶。

最後，根據對鵜鶘的解剖，科學家們找到了問題的所在——罪魁禍首是鎮上新建的餌料加工廠。

原來，以往蒙特雷鎮的漁民們在出海打魚歸來後，會在海岸邊直接把大量的魚蝦進行屠宰，魚蝦的內臟都被他們隨手扔給聚集在海邊的鵜鶘。面對如此美味而又易得的食物，鵜鶘自然是衣來伸手飯來張口，過著大快朵頤的神仙日子，因此蒙特雷鎮的鵜鶘完全依賴著漁民的慷慨施捨過日子，變得又肥又胖；但是當鎮上建了新的餌料加工廠後，由於漁民們不再將內臟當垃圾扔掉，而是轉將其賣給新建的餌料加工廠，於是那些聚集在海岸邊的鵜鶘便失去了慷慨的主顧，免費的午餐就此消失。

但問題是，這些鵜鶘們原本早就已經習慣了神仙般的日子，更要命的是，新一代

---

*雷．克羅克（Raymond Albert "Ray" Kroc，一九〇二年至一九八四年），美國企業家，一九五五年時，他獲得麥當勞公司營運的特許權，最後將其接管，並把它發展成全球最成功的速食集團。

的鵜鶘一開始就依賴漁民的施捨過活，牠們已經失去親自捕食的本領。於是鵜鶘們仍然日復一日地等在漁船附近，盼望著食物從天而降，結果許多鵜鶘日漸消瘦，最終淪落到餓死的結局。

這正是克羅克不吃免費午餐的原因。

這個事例提醒我們，人生的命運應該由自己來把握，即便你能依賴別人生活，也不該過這樣的日子；因為如此一來，你就是將自己的命運、將自己的喜怒哀樂、將自己的幸福和快樂全都交到別人手裡，成為一個需要別人施捨的可憐蟲。

雖然現實中完全依賴別人過活的情況並不常見，但我們卻常常將自己的快樂和幸福交給外界，讓外界的某個因素來決定自己的情感。這種情況同樣非常危險，就像那些把自己的生死交給漁民的鵜鶘一樣，一旦我們得不到自己期待的某個東西，或者看不到期待的某件事情發生時，就容易完全陷入痛苦之中，也會因此失去對自我的把握，失去對人生的掌控。

我們不僅經常將自己的快樂和幸福交給外界的某種因素或情境來決定，而且常常不能把握自己的當下，有意無意地沉溺在過去的傷痛或者對未來的憂慮上，最後失去了對自我人生的掌控。把握當下正是掌握人生的關鍵！正如一句老生常談：「過去的已經過去了，結局你已不能改變，而未來的還沒有來到，你也不必為之擔憂。我們唯一能把握住的就是當下。」**那些能緊緊地將當下握在手上的人，就握住了掌控人生的鑰匙**，珍惜當下的每時每刻，決定由自己來選擇自己的喜怒哀樂，根據過去的經驗教訓以及對未來的計畫好好安排自己的當下，用有意義的事情來充實自己當下的生活。

這樣一來，過去成為他的老師而不是負擔，未來成為他的指引而不是必然，他將用當下的生活來盡力影響自己的未來，用心鋪好腳下通往未來之路。

一個年輕的國王掌控著一個富裕、安定的國家，照理說，他擁有無盡的財富和至高的地位，應該非常開心才是。但年輕的國王卻終日悶悶不樂，他感到很孤寂。他常常一個人思考許多關於人生的問題，並常常陷入一個又一個找不到答案的難題中，心情變得越來越低落。

身邊的大臣向他建議，他可以將自己的問題公告天下，為能夠完美解答這些問題的人開出豐厚的賞賜，說不定很快能找到答案了。國王認為這是一個可以嘗試的方法，於是就將此事張榜公布。

國王提出的兩個問題是這樣的：

我一生中最重要的時光是什麼時候？

我一生中最重要的人又是誰？

很快，國王的問題和他的巨額賞賜吸引了來自四面八方的人，他們中有哲學家、有聲名顯赫的教師、有潛心研究人生問題的虔誠教徒，還有來自各行各業的成功人士。但他們的回答都不能令國王滿意，這時，有人告訴這個年輕的國王，在他的王國的東面住著一個智者，他曾回答過許多人的問題，或許他能夠告訴國王一個滿意的答案。

此時，國王已經被這兩個問題折磨得寢食難安，便決定親自去向那個智者請教。由於聽說智者從不接待達官顯貴，於是他化裝為一個普通的農夫，去智者隱居的山林中尋找他。

國王在侍衛的陪同下找到了智者隱居的地方，他讓侍衛在山下等他，獨自一人以普通農夫的身份前去拜訪那個智者。在山林中幾經周折，好不容易找到了智者隱居的小屋，當他走近小屋時，發現在小屋的西側正有一個中年人在挖著芋頭。他想這個人一定就是人們所說的智者了，便快步走向前去，謙恭地和智者打了聲招呼，隨後說道：「聽人們說您是有大智慧的人，我正被兩個問題困擾，難以平靜，特此到這裡來拜訪您，希望您能夠給我一些指教，我將感激不盡。」

智者抬頭望了望身前的年輕人，向他表示歡迎，接著，他一邊繼續挖著芋頭，一邊低頭說道：「那你不妨說一說讓你困惑的問題。」國王於是將自己的問題告訴了智者。

智者並沒有直接回答眼前這個衣衫整潔的年輕人的問題，而是邀請道：「你不願辛勞，衝著我的名聲親自來這裡請教我，讓我感到不勝榮幸。現在已到中午了，如果你不介意的話，可以和我一起吃頓便飯，算是我對你的回敬。」國王走了這麼遠的路，確實感到饑腸轆轆，見智者這麼說，便欣然接受了邀請。於是，智者帶著國王一起到附近採摘了一些蘑菇，回到小屋，煮了一鍋蘑菇湯，燒了幾個芋頭來招待國王。

國王和智者一起做飯，一起用餐，雖然這頓飯吃得很簡單，但年輕的國王仍然感到很新鮮，他第一次發現蘑菇湯和燒芋頭是這麼好吃。等到吃完飯後，智者又邀請國王到不遠處的一個小山坳裡去釣魚，但他始終沒和國王談論國王問他的問題。

很快，太陽開始落山了，西邊的彩霞穿越稀稀疏疏的樹林，在小屋及其前面的空地上灑得斑斑駁駁。國王眼見要辭別智者了，可仍沒有得到智者的回答，他開始耐不住性子。在告別之前，他再次請求智者回答自己的問題。

此時，智者告訴他：「其實，我已經回答了你的提問。」國王聽到這個答案，感到驚訝不已。智者接著說道：「年輕人，要知道過去的已經過去，將來的還未來臨。你生命中最重要的時刻就是現在，而你生命中最重要的人就是現在正和你待在一起的

人。你來的時候我向你表示歡迎，而後邀請你和我一起用餐，一起釣魚，一起享受這天美好生活的一切。所以，我說我已經回答了你的問題。」

國王聽聞此言，終於恍然大悟。

即便當下只有你一個人，你也要珍惜此時的時光；只有這一刻，才是你生命中最重要的時刻，而寂寞也不會困擾你，你可以與自我對話，可以通過書籍與古今中外充滿智慧的人對話，可以與靜謐、美麗的自然對話，可以與你的過去對話。總之，寂寞的你並非不能找到可以談心的對象，關鍵要看你是否把握得住寂寞。

認真對待寂寞的當下，你就能漸漸懂得如何把握住人生。**人生的一切答案，都在寂寞的當下**，唯有你自己才能改變自己，只要你肯下定決心去改變，也只有當你改變自己時，你才能掌握自己的人生；**改變人生需要先從改變自己的內在開始，從掌控自己的情緒**、**選擇自己的價值觀開始**，如果你還沒有找到如何改變自己命運方法、把握自己人生的秘密，那就不妨從改變自己開始。你會發現，你正一步步掌控自己的人生，不再被外界的各種觀念、思想和物質所左右，你將因此而展開新的生活，這也將是你走向成熟的開始。

有人認為自己的命運是上天註定的，無法由自己來改變。實際上，這樣的人是因為沒有認真地去和自我對話，他們只是把自己的追求和價值全部都放到外在，任由外在無常的變化左右著自己。我們自然無法把握那個獨立於主觀變化的現實，我們唯一能把握的，就是我們自己，是自己的情感、態度、觀念和思想，唯有將這些主觀因素牢牢握在手裡，使它們符合這個現實的客觀世界，我們才能更好地在現實中生存，才能在最大限度上把握住自己的人生。

人生沒有固定的模式，但現實中許多人追求的是同一種的人生模式，因為社會大眾的標準就是如此；這些沒有主見的人，用世俗的觀念來裝滿自己的腦袋，從不去思考這些觀念從哪裡來、為什麼要接受，只想著如何才能弄到足夠的鈔票、漂亮的老婆和寬敞的房子。這樣一來，社會中的人都變成了同一個模樣，整個社會失去它的豐富性和多樣性，因為無論到哪裡，人們的追求都一樣，人們從事的活動也都一樣，人們整天在談論的東西也也全部一樣，這樣的人生早已失去獨立性和差異性，更可以說是黑白無色的。

過著這樣的生活，自然會感到空虛和寂寞。有錢人奢靡腐爛的生活，正是因為他們沒有體驗到人生的豐富，不知道如何打發自己的寂寞時光，從而在縱欲和狂歡中躲避寂寞。

人生怎麼過，要自己做主，不要讓別人做你人生的主。要學會獨立思考、學會反省、學會在寂寞時跟內心的自我對話，去發現自己真正的樂趣、真正的追求，去建立屬於自己的價值觀和人生觀，在快樂和平靜中體驗多彩的人生，讓我們的人生變得更多樣，更有深度和廣度。

人生的美好就在於它的不確定性，不要為不確定而憂慮，你應該做的就是好好把握當下，過好現在的每時每刻。這樣一來，你的時間才不會在憂慮、空虛中浪費掉，你才能更好地享受生活、體驗生命，更好地把握自己的人生。

人生是一個宏大的畫卷，這個畫卷需要你自己去塗鴉。你可以選擇歡快亮麗的色調，也可以選擇憂鬱黯淡的顏色；你可以確定這幅畫的主題，也可以任由不相關的人來為你確定主題；你可以沉浸在過去的敗筆中，或者因為擔心自己畫不好這幅畫而綁手綁腳，也可以盡興揮灑，認真享受當下作畫的快樂，不去在乎別人的眼光和評價。如果你在作畫前能好好詢問自己，瞭解自己想要什麼樣的色調、自己想畫什麼樣的主題、自己想如何對待當下的一筆一畫，那麼，你就能為自己的這幅畫定調，就能將作畫當作是自己的一種享受，一種自我人生的體驗，就能在這種自在揮灑中領悟人生的快樂。

寂寞是一種修行

作　　者　韓　冰

發 行 人　林敬彬
主　　編　楊安瑜
責任編輯　陳亮均
助理編輯　黃亭維
美術編排　于長煦（帛格有限公司）
封面設計　徐子偉（白日設計）

出　　版　大都會文化事業有限公司
發　　行　大都會文化事業有限公司
11051台北市信義區基隆路一段432號4樓之9
讀者服務專線：(02)27235216
讀者服務傳真：(02)27235220
電子郵件信箱：metro@ms21.hinet.net
網　　址：www.metrobook.com.tw

郵政劃撥　14050529 大都會文化事業有限公司
出版日期　2013年4月初版一刷
定　　價　250元
ISBN　978-986-6152-70-2
書　　號　Growth-058

國家圖書館出版品預行編目資料

寂寞是一種修行 / 韓冰著. -- 初版. -- 臺北市：
大都會文化, 2013.04
256 面；21×14.8 公分. -- (Growth058)

ISBN 978-986-6152-70-2（平裝）
1.人生哲學　2.通俗作品

191.9　　102004809

大都會文化　讀者服務卡

書名：**寂寞是一種修行**

謝謝您選擇了這本書！期待您的支持與建議，讓我們能有更多聯繫與互動的機會。

A. 您在何時購得本書：_____年_____月_____日

B. 您在何處購得本書：__________書店，位於__________(市、縣)

C. 您從哪裡得知本書的消息：

1.□書店　2.□報章雜誌　3.□電台活動　4.□網路資訊

5.□書籤宣傳品等　6.□親友介紹　7.□書評　8.□其他

D. 您購買本書的動機：（可複選）

1.□對主題或內容感興趣　2.□工作需要　3.□生活需要

4.□自我進修　5.□內容為流行熱門話題　6.□其他

E. 您最喜歡本書的：（可複選）

1.□內容題材　2.□字體大小　3.□翻譯文筆　4.□封面　5.□編排方式　6.□其他

F. 您認為本書的封面：1.□非常出色　2.□普通　3.□毫不起眼　4.□其他

G. 您認為本書的編排：1.□非常出色　2.□普通　3.□毫不起眼　4.□其他

H. 您通常以哪些方式購書：(可複選)

1.□逛書店　2.□書展　3.□劃撥郵購　4.□團體訂購　5.□網路購書　6.□其他

I. 您希望我們出版哪類書籍：（可複選）

1.□旅遊　2.□流行文化　3.□生活休閒　4.□美容保養　5.□散文小品

6.□科學新知　7.□藝術音樂　8.□致富理財　9.□工商企管　10.□科幻推理

11.□史地類　12.□勵志傳記　13.□電影小說　14.□語言學習（____語）

15.□幽默諧趣　16.□其他

J. 您對本書(系)的建議：

____

K. 您對本出版社的建議：

____

讀者小檔案

姓名：____________ 性別：□男　□女　生日：____年____月____日

年齡：□20歲以下 □21～30歲 □31～40歲 □41～50歲 □51歲以上

職業：1.□學生 2.□軍公教 3.□大眾傳播 4.□服務業 5.□金融業 6.□製造業

7.□資訊業 8.□自由業 9.□家管 10.□退休 11.□其他

學歷：□國小或以下 □國中 □高中／高職 □大學／大專 □研究所以上

通訊地址：______________________________

電話：（H）____________（O）____________ 傳真：____________

行動電話：______________E-Mail：______________

◎謝謝您購買本書，也歡迎您加入我們的會員，請上大都會文化網站 www.metrobook.com.tw 登錄您的資料。您將不定期收到最新圖書優惠資訊和電子報。

寂寞是
一種修行

北區郵政管理局
登記證北台字第9125號
免　貼　郵　票

大都會文化事業有限公司
讀　者　服　務　部　　收

11051台北市基隆路一段432號4樓之9

寄回這張服務卡〔免貼郵票〕
您可以：
◎不定期收到最新出版訊息
◎參加各項回饋優惠活動

大都會文化
METROPOLITAN CULTURE

大都會文化
METROPOLITAN CULTURE

大都會文化
METROPOLITAN CULTURE

大都會文化
METROPOLITAN CULTURE